普 天 之 下 · 盡 是 好 書

普天出版家族
Popular Press Family

凌雲文創
A-Plus Creative Company

活用幽默的智慧，輕鬆替自己解圍

用幽默的方式，改變對方的態度

激勵作家約瑟夫．紐頓曾經寫道：

化解矛盾的最有效方法就是幽默。只要適時運用幽默的方法，就能避免彼此爭論、對立，而且可以使對方瞬間恍然大悟，理解自己犯下的錯誤。

很多時候，想要改變對方的態度，就要使用幽默的方式。
人際溝通中，幽默是最強大的說服力量，既可以讓對方卸下原有的心防，也可以緩和潤原本僵持對立的氣氛。
面對別人的反對、質疑或批評，與其激烈爭辯或惡言相向，倒不如選擇輕鬆因應，用幽默的方法表達自己的看法，唯有如此，才能使對方改變那些針鋒相對的態度。

出版序

用幽默的方式，改變對方的態度

讓人抓狂的事情每天都在發生，你應該牢記的是，無論遇到哪種情況，「保持冷靜」的大原則就是用幽默的心情面對。

•文彥博

古羅馬思想家塞涅卡曾經寫道：「化解衝突的最好良藥，就是含有幽默感成份的機智。」

確實如此，當你面臨受也受不完的鳥氣，當你與別人爆發衝突，忍不住脫口而出一長串髒話，對事情根本沒有幫助，反而還會讓事情往更糟糕的方向發展。面對一樁又一樁讓人抓狂的事情，面對一個又一個讓人抓狂的人，與其暴怒發飆和對方嗆罵，還不如想辦法讓自己放鬆心情，用幽默的方式表達自己的

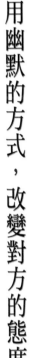

意思，搞定一切惱人的事情。

隆巴迪曾經寫道：「用嘴巴罵人，每個人都會，但是用腦筋罵人，就不是每個人都具備的本事。」

如果你光會用嘴巴罵人，通常會口不擇言，讓被罵的人認爲你滿腦子偏見又沒有修養，但是，如果你懂得動腦筋罵人，卻會讓被罵的人認爲你「對事不對人」，罵得很有道理。

罵人不一定要用髒話，開罵之前，一定要先動點腦筋，既指出對方的錯謬，又不致讓對方惱羞成怒。

漢武帝即位之後，開始討厭撫養自己長大的乳娘，嫌她好管閒事，事無大小都囉哩囉嗦，後來便決定將她趕出宮外。

乳娘在皇宮住了幾十年，當然不願離開宮廷生活，在無可奈何的情況下，便向漢武帝身邊的紅人東方朔求助，希望他能幫忙說些好話緩頰。她把事情告訴東方朔後，東方朔安慰她說：「這沒什麼困難，只要妳向皇上辭行的時候，

回頭看皇上兩次，我就有辦法了。」

東方朔以機智幽默著稱，是清朝大文人紀曉嵐最推崇的人物。

他深知漢武帝是乳母一手撫養大的，乳母對他的恩情勝似生母。但是，乳母也有不是的地方，喜歡多嘴饒舌，尤其是漢武帝即位後，已經貴為一國之君，她卻不知收斂，常常毫不客氣地指出他的缺失，使得他下不了台階。

但不管怎樣，乳母終究是乳母，雖有小過錯，還不至於非把她趕出去不可，因而東方朔決意幫助乳母。

到了送乳娘出宮的日子，乳娘叩別漢武帝後，滿眼淚水，頻頻回頭向武帝看幾次。這時，東方朔乘機大聲說：「喂！乳娘，妳點快走吧！皇上早已經長大，用不著妳餵奶了，妳還擔心什麼呢？」

漢武帝一聽到此話，心弦不禁一震，感到十分難過，想起自己是乳母餵養長大的，而且她又沒犯什麼重大過錯，就立刻收回成命，讓她繼續留在宮中。

東方朔不愧是處理人際關係的高手，如果他直接向漢武帝進諫，搞不好會使漢武帝惱羞成怒，反而把事情弄得更糟。

他採用「指桑罵槐」的策略，輕鬆地達成目的，可謂「罵人不帶髒字」。

其實，在現代的日常生活中，我們也屢屢見到令人 抓狂的事情，然而，在某些公眾場合，或因爲事情的敏感性，或涉及某些身貴名顯的人，或考慮到別人的自尊心，不便公開地直接罵人，這時，「罵人不帶髒字」的批評方法就可以派上用場。

當然，罵人並不是面對事情的最好方式，有時以讚美、鼓勵的方式來激發對方的優越心理，也是不錯的「滲透」方式。

我們在日常的社交活動中，總難免遇到一些令人難堪的窘境和難以回答的問題。這時候該如何說話最恰當？

大原則應該是明辨事理，說話得體；該直言則直言，該含糊就含糊，該超脫就超脫。總之，從實際出發，視情況而定。但是，有一點要特別注意：當有人故意給你難堪，並使你的感情受到傷害，你可不要只顧著氣憤，更不要大發雷霆去硬碰硬，那樣只會使矛盾激化，鬧得兩敗俱傷。

當然，你也不可只張口結舌、滿臉羞紅，使對方覺得你軟弱可欺，那樣他可能會變本加厲地嘲弄你。你必須頭腦冷靜地控制自己的情緒，運用語言的藝術，尤其是以急中生智的幽默感去對付。

幽默，是社交的救生圈。

英國作家司各特曾經在《雜文集》裡寫道：「充滿機智的幽默是多麼艷麗的服飾，又是何等忠誠的衛士！它遠遠勝過詩人和作家的智慧，它本身就是一種才華，能夠杜絕所有的愚昧。」

讓人抓狂的事情每天都在發生，當然，也可能對方並非惡意，有時候是無心之過。不論如何，你應該牢記的是，無論遇到哪種情況，「保持冷靜」的大原則就是用幽默的心情面對。

本書是《用幽默的方式，改變對方的態度》全新增訂本，內容著重於如何用幽默、婉轉的方式，既指出對方的謬誤，又表達自己的意思，進而改變對方的態度，希望能讓讀者在輕鬆閱讀的同時增強人際溝通的功力。

PART 01. 用幽默的智慧替自己解圍

不必大剌剌地批評，無須用嚴苛的言詞來反駁，很多時候只需輕輕點出對方的小缺漏，我們就能為自己扳回一城。

PART **02.**

發揮智慧，就能靈活應對

無論是自救或救人，臨危不亂是基本，反應靈活是竅門，機智變通是要訣，只要把握這幾個要點，再大的危機都不過是小麻煩罷了。

PART **03.**

用智慧的語言使人際關係更圓滿

靈活地運用語言，幽默中帶有智慧，謹慎處理談話內容，體諒對方心情，對於開拓圓滿的人際關係，有著極大的影響。

PART **04.**

罵人，要罵得對方啞口無言

罵人的最高境界，並非要罵到別人聽不下去，而是要罵到對方氣得牙癢癢的，卻又啞口無言。

PART 05.

言語溫和勝過尖銳指責

人際相處，不可避免會有一些不愉快的事情發生，面對這種情況，要少些批評、多些理解，讓自己的溝通能力更上一層樓。

PART **06.**

罵人，一定要拿捏分寸

諷刺像一把雙刃劍，可以使你受益，也可以使你受損。用得恰當，它是利器，用之不當，便會惹事生非。

PART **07.**

對付老頑固，要軟硬兼施

固執並不等同於是非不明，也不是說觀點絕對不能改變，「軟硬兼施」、「冷熱戰術」都是證明行之有效的謀略。

PART 08.

以自責代替斥責

責人時引出自責，往往會收到更佳的效果。同時也要注意切莫帶有諷刺意味，否則只會帶來反效果。

PART **09.**

用幽默的心情面對不如意的事情

受到委屈的時候，不妨幽上一默，讓得罪你的人深深感受到你的智慧以及寬容，也讓不了解你的人見識到你的成熟與堅強。

PART **10.**

懂幽默，沒有難關不能過

在工作中恰如其分地運用幽默的語言與他人溝通，那麼還有什麼問題不能迎刃而解呢？

PART 11.

適時退讓，才不會兩敗俱傷

事無十全十美，沒有人能永遠勝利；我們必須懂得取捨，因為什麼都想要、什麼都強求的人，往往最後什麼都得不到。

1. PART

用幽默的智慧
替自己解圍

不必大剌剌地批評，
無須用嚴苛的言詞來反駁，
很多時候只需輕輕點出對方的小缺漏，
我們就能為自己扳回一城。

相互尊重才是最好的互動

不願給人基本的尊重，別人當然也不會替你著想，人與人之間是互相的，你得不到某人的尊重，想必你也不願尊重對方。

在這個八卦風盛行的時代，許多人偏好的是新聞事件本身的娛樂性而非正確性；聽聞意外，許多人思考的不是以後怎麼避免，而是盼望著視覺上的刺激感！萬一你不幸成爲八卦事件的主角，該如何回應那些繪聲繪影的傳言呢？

一九二○年，羅素到中國旅行時，可能是因水土不服，一到中國後就生了一場重病。

養病期間，羅素拒絕所有媒體的採訪，沒想到這個拒絕動作竟引起了記者們的不滿，其中甚至有某國的特派記者，竟然因此謊報羅素已經去世的消息。後來，羅素請人交涉溝通，要求該報社人員更正消息並登報道歉，但是卻被對方拒絕了。

羅素身體狀況一好轉便起程回國，返國途中，正巧取道刊載假消息的報社所在的國家。

這對該國媒體來說，當然是個十分難得的機會，各家媒體自然不會錯過這個親近大師的機會，個個使出渾身解數，積極與羅素連絡，希望羅素能給他們採訪機會。

但是，羅素對於該國報社處理事情的態度非常不滿，於是請秘書發送一份他的親筆回函給那群想採訪他的記者們，上面是這麼寫的：「因為羅素先生已死，所以無法接受採訪。」

先不論羅素的回應，我們不妨先從媒體的反應來思考，記者們因爲得不到新聞便胡亂編造甚至惡意中傷的動作，實在有損傳播媒體的專業形象與職業道德；再從「人」的角度來探討，他們連最基本對人的尊重都做不到了，又如何能得到人們的信賴與肯定？

也因此，當羅素順著報社的「希望」，親自宣佈自己「死亡」之時，想必心裡感到非常暢快吧！

尊重才是最好的互動！

不願給人基本的尊重，別人當然也不會替你著想，人與人之間是互相的，你得不到某人的尊重，想必也不願尊重對方，不是嗎？

哲學家們的思考角度，常常讓人深思不已，羅素這個看似報復的小動作，無疑是要給對方一個自省的機會。

日常生活中，我們難免會遇到相似的情況，當人們給予我們的回應滿是不悅或厭惡時，請先想一想，是否我們也曾給人相同的對待呢？

保持冷靜，才能走出困境

無論遭遇多麼頑固的對手，只要懂用幽默的方法說出自己的看法，自然能改變對方的想法，並在看似毫無出路的處境中另闢蹊徑。

不知道為什麼，自從前幾天一大早遇見比爾巴以後，國王就感覺不大對勁，不僅夜夜失眠，每天的菜色不管怎麼更改始終都不對胃。

「這一定是比爾巴的問題，不行，再這麼下去我肯定完蛋！」此刻的國王對比爾巴極不滿意，結果竟下令要處死爾巴。然而，比爾巴一直以來都非常維護百姓利益，在境內，不管是穆斯林還是印度教徒都非常擁戴他。因而，當人們聽說國王將處死比爾巴時，全國百姓都湧到王宮前，請求國王赦免他。

「不行！比爾巴的臉上有不祥之兆，我一定要處死他！」

行刑前，國王再次向群眾說明事由。就在這個時候，比爾巴接著說：「朋友們，那天清晨，國王因為見到我的臉而寢食難安，但今天清晨，我見到國王的臉卻要被絞死，請大家認真想一想，到底是誰的臉上有不祥之兆呢？」

「是國王，是國王！」群眾聽完比爾巴的話後，跟著便大聲地鼓噪起來。

「嗯，我因為清晨看見國王的臉便要被絞死，這麼說來，凡是清晨見到他的人豈不都要被絞死？就像你、妳，還有你！」比爾巴指著前方的群眾說。

吶喊聲越來越響亮，國王轉念一想，深怕自己落得罵名，連忙命人將比爾巴釋放，並送他不少財寶做為補償，用以肯定他過人的智慧。

在集權統治的古老年代，人們常說伴君如伴虎，那些跟在君王身邊的人們，常常沒來由地消失或受刑罰，被加上莫須有的罪名也十分平常。

因而大臣們在面對喜怒無常的君主時，除了要比平常人更具勇氣外，還要積極培養自己的膽識、機智，一旦危險降臨，要能臨機應變，不但要讓自己化

險爲夷，更要替人解危。

某一天，國王又發怒了，無緣原無故地下令要絞死一名老婆羅門，大臣們雖然個個感到吃驚，但面對充滿怒氣的國王，個個都束手無策。

直到行刑前，比爾巴再度挺身而出，但國王沒等他開口，便質問他：「比爾巴，你要替他辯護嗎？」

比爾巴搖搖頭，說道：「不是，國王陛下，您說錯了，我是支持您的決定，不過……」

「不過什麼？」國王追問道。

只見比爾巴竟笑著說：「陛下，我是想向您建議，您一定要將這個老頭子處死，還有，您一定要用比絞刑更嚴酷殘忍的刑罰才行，這樣才能嚴懲這個冒犯您的老頭子！」

聽見比爾巴這麼說，國王先是一愣，旋即便想到比爾巴又在嘲諷他了，最終只得將這名老婆羅門釋放，因為該國最重的刑罰只有絞刑。

聽出比爾巴的嘲諷嗎？想必聰明的你也已經聽出來了。事事都與國王站在相反立場的比爾巴，難得與國王站在同一條戰線上，最後用幽默的方法改變了國王的做法。

同理，無論你此刻正困陷在什麼樣的難題中，請先安撫你的情緒，並像比爾巴一樣冷靜地思考、分析問題，找出眞正有效的解決辦法。

眞正的智者知道怎麼面對眼前困境，更知道怎麼解決問題。

因爲無論遭遇多麼頑固的對手，只要懂用幽默的方法說出自己的看法，自然能改變對方的想法，並在看似毫無出路的處境中另闢蹊徑。

用幽默的智慧替自己解圍

不必大剌剌地批評，無須用嚴苛的言詞來反駁，很多時候只需輕輕點出對方的小缺漏，我們就能為自己扳回一城。

人與人之間難免會有意見相左的時候，在這個時候，你會怎麼與人溝通？是加足火力相抗？還是用幽默的方法表達自己的看法？

許多性情急躁的人在面對他人批評或與人意見不同時，常會忍不住以嚴詞相對，但事實上，這種砲火猛烈的攻擊卻時常比不上幾句話的四兩撥千斤。

某天，一位友人前來拜訪內勒，在客廳看見一幅內勒夫人的全身畫像。

友人仔細欣賞作品後，說道：「嗯，可惜畫像底部有一些爪痕，真是大大地破壞了作品的完美！」

內勒一聽，笑著說：「的確，不過我實在沒有辦法避免這件事，因為那是我妻子飼養的一隻小狗的傑作，那隻狗經常會用爪子抓住畫像的裙子，撒嬌著要主人抱一抱牠。」

「喔！原來如此。」客人明白地點了點頭。

這時，客人忽然想起一件事：「咦，聽說佐克西斯也曾發生這樣的事。佐克西斯有一回在一幅小男孩的畫像頭上，畫了許多栩栩如生的葡萄，由於葡萄十分逼真，以致於鳥兒們都飛來啄食呢！」

內勒還是笑著說：「是嗎？那要是他把孩子也畫得與葡萄一樣逼真，小鳥們就不敢來啄葡萄了！」

聽見朋友批評畫作上的爪痕缺陷，內勒一點也不覺得尷尬，反而驕傲地向對方解釋作品的逼眞；接著，當朋友提出別人也有這樣「逼眞」的作品時，內

勒也聽出了對方有意較量。不過，內勒並沒有讓對方得逞，反倒從友人的話中找到那幅作品的缺漏，一句「如果男孩也逼眞」的話，機智地穩固了自己在人物畫的創作天分與地位。

想像著小狗在夫人畫像前熱情擺尾，並著急地要與畫中人互動時，未曾見過那幅作品的你，是不是也想像得到畫中人物的眞實感？然後，再想像另一幅被鳥兒啄得坑坑洞洞的佐克西斯作品，對照著內勒的結論，是否也讓你忍不住會心一笑？

幫自己解圍的最好方法正是如此，人與人之間的交流原本就有許多過招的機會，究其原因並不是人人都好與人爲敵，只不過是有些人就喜歡與人抬槓罷了，喜歡用這樣的方式來佔別人便宜，或是遮掩自己的缺失。

遇到這一類的人，我們便得學會用自己的智慧與修養來化解，不必大刺刺地批評，也無須用嚴苛的言詞來反駁，很多時候只需輕輕點出對方的小缺漏，就能爲自己扳回一城的。

用幽默的方法對付「奧咖」

當你遇到「奧咖」，忍不住想要出口成「髒」時，不妨懸崖勒馬，改用詼諧的方式表達。

有一天，佩庫陪國王一起出外打獵，但一整個下午他們只狩獵到兩隻鴨子。國王看著鴨子，然後笑著說：「我晚上請你吃鴨肉吧！」

雖然國王這麼說，但是在晚餐前，卻這麼吩咐女僕：「今晚妳們給佩庫一碗蘿蔔就好，別放鴨肉。」

晚餐時，女僕果真只給佩庫一碗蘿蔔，碗內甚至連一丁點肉屑都看不見，但佩庫似乎一點也沒感覺，每吃一口就會說一次：「這鴨肉真香！」

第二天一早，佩庫很開心地對國王說：「陛下，我知道有個地方的鴨子非常多，我看一枝箭大概能射中十隻左右吧！」

國王一聽，連忙問：「在哪裡？快帶我去！」

隨即，國王興沖沖地跟著佩庫前往。

然而一到現場，看見的卻是一大片蘿蔔田。國王不解地問：「鴨子在哪裡？你不是說有成群的鴨子嗎？」

佩庫說：「陛下，您昨晚請我吃的鴨肉不就是這個嗎？」

有心捉弄佩庫的國王，大概沒有料到最後竟反被佩庫嘲弄了。

當然，這不過是單純的玩笑，彼此可以一笑置之，但若是別有居心地計較，恐怕就會令人非常不愉快了。

遇到這種老想佔人便宜的「奧咖」，你會如何表達自己的真實想法？

話說有位貴婦邀請一位小提琴手到她家作客，表面上說是請人吃飯，事實

上只是想請樂手來場免費的演奏。

「親愛的音樂大師，到時候您可以用我家各種事物想一首代表曲子嗎？例如，當您看見床時可以用〈搖籃曲〉，來到浴室時，我想來道巴赫的〈加沃特舞曲〉應該挺合適的；至於呈上食物時，來一首〈詩人與農夫〉應該挺不錯的，還有……」婦人技巧地向樂手提出種種要求。

宴會當天，小提琴手因為答應了貴婦的要求，因而從一進門便開始就為各式各樣的人、事、物演奏主題歌曲，幾乎沒有停歇。

經過長時間的演奏，小提琴手已經累得精疲力盡了，就在他剛演奏完這頓飯局的主題歌後，服務生呈上一杯表示感謝的熱咖啡，貴婦微笑地說：「非常感謝您！」

提琴手點了點頭，再度演奏了一曲德沃夏克的〈幽默曲〉；然而當他即將演奏到最甜美的那一音節時，琴聲忽然戛然而止。

貴婦立即板起了面孔，不高興地問：「你怎麼停在這麼重要的地方啊？」

小提琴手說：「夫人，那是因為咖啡不甜！」

爲了滿足貴婦的請託，小提琴手辛苦地構思、演奏婦人想要的樂曲，一路表演下來，小提琴手在最後也表達了他的心情。

咖啡不甜應是藉口，小提琴家停下音樂，是代表這是個「美中不足」的宴會。因爲，對小提琴家來說，貴婦的感謝是帶有算計與企圖的，「貪圖」這兩字便可以完全否定她的邀請誠意。

再多笑容也隱藏不了骨子裡的虛僞做作；不想誠心待人的人，當然也很難得到別人眞心相對。

當你遇到這種「奧咖」，忍不住想要出口成「髒」時，不妨懸崖勒馬，改用詼諧的方式表達。

因爲，脫口罵出一長串髒話，對心情和事情其實都沒有太大幫助，反而還會讓對方懷恨在心。相對的，用幽默心情面對周遭那些惱人的事情，不僅能讓自己保持輕鬆愉快，更可以保持和諧的人際關係。

生活的趣味，來自幽默的應對

當你和朋友交流時，別忘了多一點想像，多用一點巧思，慢慢地你就能幽默風趣，成為一位人見人愛的生活藝術家！

歐內斯廷・舒曼是德國著名的女低音，是華格納歌劇最為優異的詮釋者。長得胖嘟嘟的舒曼，胃口非常好，不僅食量大，而且還懂得品嚐美食，因而人們給了她一個「美食專家」的封號。

某一天，大胃王恩理科・卡魯索走進一家飯店時，看見舒曼也在餐廳裡用餐，正準備大口咬下桌上一塊大牛排。於是恩理科・卡魯索來到她身邊，對她說：「舒曼，妳一定不會『單獨』將這塊牛排吃了吧？」

「你真是聰明，我當然不會就這麼『單獨』吃囉！」舒曼說完，便輕輕地咬了一口牛排。

聽見舒曼這麼說，卡魯索認為她願意與他分享呢！只見他拉開了舒曼身邊的椅子準備坐下，但還沒等他坐下來，舒曼吞下那一小口牛肉後，卻這麼說：「『單獨』吃多沒意思啊！我還要和著馬鈴薯一塊兒吃才夠味。」

很有意思吧！舒曼的一個小停頓，不僅誘引了卡魯索的食慾，還爲自己帶來了用餐的趣味。

其實，生活本身就是一種藝術，想完成這個藝術品，便得看我們怎麼過生活。回到故事中，無論從舒曼的角度來看，還是從卡魯索的立場來看，因爲「單獨」這個字詞的幽默運用，讓我們看見生活的趣味性。

美術館中，有個男子站在一幅油畫前觀賞，但過一會兒，卻見他在這幅畫作前方的平台上坐了下來，還忍不住大聲讚美：「啊！這真是天才之作。」

男子邊讚嘆，邊對站在他身邊的一位男士說：「我真希望能將這些不平凡的色彩全帶回家。」

這位男士答道：「先生，您將如願以償！」

「真的嗎？」男子滿臉驚喜地問。

其實這名男子正是這幅畫的作者，所以他回答說：「是的，因為您正坐在我的調色盤上。」

在以上兩則小故事中，其實都只用了一點點巧思妙語，便讓生活滿是漂亮的色彩，而你我的生活中，最欠缺的不正是像這樣的趣味巧思嗎？

現在，你是不是很羨慕他們的生活趣味呢？那麼，當你和朋友交流時，別忘了多一點想像，多用一點巧思，慢慢地你就能和他們一樣幽默風趣，成爲一位人見人愛的生活藝術家！

用幽默的方法，說找出最佳解答

只要發揮「同理心」，順著對方心中的盼望解題，也順著人們希望的角度構思，我們自然能得出一個圓滿的完美結局。

面對別人的反對、質疑或批評，與其激烈爭辯得面紅耳赤，不如選擇輕鬆因應，用幽默的方法表達自己的看法，唯有如此，才能使對方打從內心改變那些錯誤的想法。

有一次，波斯國王邀請有名的智者比爾巴到該國訪問，見面時問比爾巴：「你知道世上還有哪一位國王像我一樣，能如此照顧人民的利益，並那麼為人民維護公義的嗎？」

比爾巴微笑說：「沒有，您的光芒就像月圓時般飽滿殷實，世上沒有能和您相比的人了。」

波斯王開心地笑著，接著又追問：「那若是和阿克巴國王相比呢？」

比爾巴說：「他只像初二、初三的月亮。」

波斯王聽完後非常開心，比爾巴告別時，他還送了不少財物和布匹給比爾巴，但風光返國的比爾巴，緊接著卻面臨了另一個危機。

原來，比爾巴對波斯王說的話已傳到阿克巴國王耳裡。國王身邊不乏反對比爾巴的人，竭盡所能地煽動著國王要嚴懲比爾巴。

比爾巴回國時，國王怒氣沖沖地召他至宮殿質問此事，卻見比爾巴謙恭且面帶笑容地說：「我最敬愛的國王陛下，如您所知，新月會一天一天圓滿，那象徵你的事業將不斷地發展茁壯。至於十五之月卻是逐日縮小，那象徵波斯國王會日益耗損直至消失在黑暗之中啊！聰明如您，應該知道我到底是在讚頌誰！不是嗎？」國王聽了，開心地點了點頭。

機智的比爾巴不僅沒讓人抓到把柄，還讓原來的「失言」變成「美言」。比爾巴原本的話裡雖然有缺漏，但他並未讓人有機會利用這點對付他，而是用他的智慧填補這個缺。

至於生活在這人事複雜社會中的你我，在思考該怎麼解決不小心說出口的錯話時，不妨再仔細思考比爾巴的機智與冷靜。

失言風波或許難平，卻不代表永遠無法補救，一如比爾巴換個角度的說法，又如下面故事中霍加的臨機應變。

據傳，國君因為老婆出軌，從此便對女人懷恨在心，並堅決保持單身。

但這個結果卻讓國王從此變了性情，連審核入閣人才的方法也有所改變，舉凡地方學者和學識淵博的人到來，他都會附在他們耳邊問幾句話，一旦不能說出符合他心意或無法除去他心中苦惱的答案，他便下令將這人處死。

這天，國君請來霍加，一樣也在霍加耳邊輕聲問：「你結婚了嗎？」

霍加回答：「我活了這麼一大把年紀，怎麼還會是單身漢呢？」

「什麼！原來你和所有人一樣，來人呀，把他拖下去斬了！」國王忽然大聲怒吼道。

霍加一聽，當下明白事情的嚴重性，只見他立即裝了一張苦瓜臉說：「國王陛下，等一等，您是不是應該先弄清楚一件事呢？唉，事情是這樣，我曾經犯了一個嚴重的錯誤，那就是我結婚了。婚姻真是一個深淵，只有掉進去的人才知道它的深度，不過，有句俗話是這麼說：『我們絕不能砍了使人從馬背上滑下來的那匹馬的頭！』」

沒想到霍加這個機智的回答，竟解開了國君心中的怨恨，從此他再也不惡意找人宣洩情緒了。

明白霍加的意思嗎？這是指任誰都會遇到意外，單身或結婚並不是重點。換言之，沒有人應該爲這過往的是非而困住自己。

遇到難關，必須有機智表現。霍加與比爾巴一樣都是非常聰明的人，能將

原來說出口的話逆轉，轉成另一種解釋，爲自己解除麻煩和危機。

其實，他們用的不過是「順心」的技巧罷了。只要順著對方心中的盼望解答，自然能令對方滿意。

人生中常會有些莫名其妙的意外災難或誤解，無論如何，只要能冷靜面對這些問題，自然能看見解決的方法，並得到生活的解脫。

看完兩位智者的答案，你是否也從中得到方向了？

人與人之間並不需要用艱澀難懂的心理論述解釋，更不需要用複雜彎曲的思考推想，只要發揮「同理心」，順著對方心中的盼望解題，也順著人們希望的角度構思，我們自然能得出一個圓滿的完美結局。

試著從幽默的角度切入

與人交流的時候，不論你認不認同對方的說法，都應該跟著對方的思維想一想，再繞到另一個角度來看事情。

德國哲學家尼采因為對女性充滿仇視，因而一生都不願與女人接觸，他曾經提出這樣一個想法：「男人應該接受戰爭訓練，女人則應該接受這些戰士們的訓練。」此外，他還提出這麼一個說法：「你準備到女人那裡嗎？別忘了帶著你的鞭子！」

不過，如此極端的想法自然有人要提出反駁了。

當時對尼采十分感冒的英國著名哲學家羅素，便對尼采的哲學思想十分不

滿，還曾公開挖苦他說：「十個女人之中，至少有九個女人會讓他把鞭子丟掉，正因為他明白這一點，所以才急著避開女人。」

想想兩個著名的哲學家爲了「女人」爭執不下的情況，你是否不覺莞爾？

當羅素從另一個幽默角度切入，與其說是挖苦尼采，不如說是有意要爲尼采爭取同情的，就羅素的角度來看，也許尼采一生不願碰觸女人，是有著什麼樣不爲人知的苦楚吧！

他嘲諷尼采，正是因爲逃不開女人，所以對女人充滿恐懼與厭惡之心，在這個幽默風趣的嘲諷中，反而沖淡了尼采那偏激又可怖形象，不是嗎？

有一天羅素在花園深思時，有朋友們來訪，一走進門，便看見羅素正雙眼凝視著屋外的花園，似乎正陷入沈思之中。

一位朋友忍不住好奇地問他：「你在想什麼？」

羅素這麼回答：「每當我和任何一位科學家談話之後，我會肯定自己此生已經沒有幸福和希望了；但是，每當我和我的花園談天之後，我卻深信人生充滿了陽光與希望。」

說到最後一個字時，羅素的眼底似乎也閃著光芒。

羅素用幽默的語言諷刺科學家，他沒有尼采的固執偏頗，不會凡事總往極端想，因而能擁有更寬廣的生活視野，並找到樂觀的人生方向。

與人交流的時候，不論你認不認同對方的說法，都應該跟著對方的思維想一想，再繞到另一個角度來看事情。無論是認同還是鄙視，羅素只想提醒我們：「聽人言論，不該一味地吸收接受，我們要有自己的想法，要能獨立的思考，如此才能做出最公正且客觀的評論。」

耍點花招就能有效行銷

只要多一點幽默風趣，同時以誠懇用心的態度經營，即使行銷宣傳只用一點小技巧，也能得到顧客長久的支持。

在這個「不行銷就死亡」的年代，很多企業和個人整天都絞盡腦汁，盤算著要使用什麼花招進行行銷。其實，只要你懂得用幽默的元素包裝自己的意圖，就能夠有效地獲得消費者的熱烈支持。

一九三七年，現代藝術博館在美國首次舉辦梵谷的畫展。喜歡用花招來吸引觀眾目光的藝術家休・特洛伊，認為梵谷的繪畫作品很難吸引成千上萬的人

來觀賞，因而尋思著：「如果能想出一個危言聳聽的宣傳花招，像是畫家私生活之類的內容，應該能吸引大量的民眾進場。」

於是，特洛伊將牛肉剁碎，將它做成一隻人的耳朵，然後擺放在一只精緻的天鵝絨盒子中，送到展覽館陳列，盒子下面還貼了一則註解：「一八八八年十二月二十四日，梵谷割下了這隻耳朵送給他的情婦——一個法國妓女。」

果然如特洛伊所預料的，盒子一陳列後，立即吸引了大批觀眾進場，他們幾乎全為了「梵谷為一個法國妓女割下的耳朵」而來。

換個角度想，如果特洛伊當初只用「梵谷的耳朵」爲題，沒有加料注釋，進場的人數恐怕就不如預期了，那麼到底是什麼原因讓人們接踵而來呢？答案正是特洛伊提出的：「私生活與危言聳聽！」

從行銷學的角度來探討，爲了吸引群眾的目光，或是挑起觀眾的好奇心，企劃人員當然必須想出一個能激越人心的好主題，想出一個最能吸引人們目光的目標，甚至引人迷失其中。

就商人的角度來說，這當然是增加產值的好方法，但就道德的角度來說，一味探人隱私的好奇心，很容易讓人失去善良的本性。爲了滿足心底的好奇，爲了誘引消費，雙方的口味都會越來越重！

要避免以上的情況，就得在加重口味的同時，添入一點幽默。

關於這一點，交響樂之父海頓便發揮得十分精采。

每次海頓在擔任指揮時，有許多故作風雅的貴族都會前往聆聽，問題是他們一個個都不懂音樂，因而從台上往下看，常常看見點頭打瞌睡的動作。

海頓發現這個情況後，便特別創作出一曲「驚愕交響樂」。這首交響樂曲開始時，旋律十分柔和，似乎是有意催貴族們入睡，當輕柔的旋律在音樂廳中繚繞後，台下的觀眾很快就出現了「點頭」的動作。

但是，演奏來到某一章節時，輕柔的音樂突然轉為強烈，同時還伴著大炮式的鼓聲：「咚！咚！咚！」

那一陣又急又響的鼓聲，頓時將睡夢中的貴族們全嚇醒了，只見他們一個

個張大了嘴巴，目瞪口呆地看著台上的指揮，只不過，在他們打起精神要好好聆聽時，卻已是準備起身鼓掌的時候了。

由海頓的例子可知，吸引觀眾要有點技巧，看似有意要貴族們難堪的樂章，其實是用幽默的方式，讓他們明白表演者的苦心。

回顧特洛依加料的宣傳花招，或者他最終的目標其實也是想讓群眾掏錢買票，進場欣賞更多梵谷的作品，那麼我們不也可以這麼說：在收益與商業道德之間，其實並不難取得平衡，只要多一點幽默風趣，同時以誠懇用心的態度經營，即使行銷宣傳時只用一點點小技巧，也能得到顧客們長久的支持。

2.
PART

發揮智慧，就能靈活應對

無論是自救或救人，
臨危不亂是基本，
反應靈活是竅門，
機智變通是要訣，
只要把握這幾個要點，
再大的危機都不過是小麻煩罷了。

發揮智慧，就能靈活應對

無論是自救或救人，臨危不亂是基本，反應靈活是竅門，機智變通是要訣，只要把握這幾個要點，再大的危機都不過是小麻煩罷了。

西元三世紀，隨著亞歷山大軍隊來到萊普沙克斯的古希臘哲學家阿那克西米尼，其實也是萊普沙克斯人，為拯救自己的故鄉免於受到軍隊的蹂躪，著急地求見亞歷山大帝。

看見哲學大師求見，亞歷山大當然知道他的來意，因而未等他開口便說：

「我現在對天發誓，我絕對不會同意你的請求。」

「陛下，其實我是想請您下令毀掉萊普沙克斯啊！」哲學家大聲地說。

亞歷山大一聽，先是愣了一下，接著笑著點頭。因為君無戲言，萊普沙克斯終因亞歷山大的急躁與阿那克西米尼的智慧而倖免於難。

人的一生中危機處處，如何才能安全地解除危機，可說是從古至今人人都在尋找的答案，爲了找到最佳的解危妙方，有人絞盡腦汁想新辦法，有人則翻遍古今典籍，希望能從別人分享的智慧中得到解答。

只是，即便找到了那樣多的方法，如果不懂得靈活運用，反而容易害自己陷入危機、無法脫困。

用機智化解危機的方法，表演兼舞蹈家鄧肯便表現得十分巧妙。

當時，有位貪戀女色的義大利作家一看見長相漂亮的鄧肯，便立即展開追求，一會兒採用情書攻勢，一會兒猛送鮮花，為了得到佳人芳心，可說拼了命地恭維、奉承。

最後，他終於得到鄧肯的接納。以為佳人到手的作家，連忙把握機會，向

鄧肯提出更進一步的要求：「我可不可以半夜拜訪。」

沒想到，鄧肯竟點頭答應了。

只是當作家走出門後，鄧肯也開始忙碌起來。她在房間裡舖滿了喪禮用的白花，然後在屋裡點上了許多白色蠟燭，最後還準備了蕭邦寫的送葬曲。

當天晚上，作家興沖沖地來到。只見一身白衣素妝的鄧肯，嫵媚地將他推倒在椅子上，然後自己開始舞動了起來，一會兒將白色花瓣撒到作家身上，一會兒又叫琴師吹起送葬曲。

就這樣，她一邊跳著舞，一邊開始吹熄屋裡的點點燭光，直到只剩下作家身邊的那兩盞燭火。

屋內變得很昏暗，那搖曳的燈影和發著幽光的白色花瓣，再伴著淒冷的送葬曲，使得屋裡的氣氛變得十分詭異，更讓這位作家寒毛直立，只見他猛吞嚥著口水，心裡直嘀咕著：「不會是中邪了吧！」

就在他想像著鬼魅的可能性時，鄧肯忽然飄移到他的面前，將倒數第二根蠟燭吹滅，當她正準備吹熄最後一根燭火時，作家竟驚恐地大叫了一聲，迅速

從椅子上跳了起來，旋即奪門而出。

看到結局時，你是不是忍不住拍案叫絕呢？其實不喜歡對方，不必擺臭臉相應，學學鄧肯，想個能讓對方知難而退的好辦法，更能一勞永逸、永除後患。

不管是從鄧肯身上學習，還是從阿那克西米尼的表現中思考，我們都不難看見其中門道。無論是自救或救人，臨危不亂是基本，反應靈活是竅門，機智變通是要訣，只要把握這幾個要點，再大的危機都不過是小麻煩罷了。

把晦氣變成生活的調劑

壞心情的確令人困擾，當別人不小心得罪你的時候，你不妨試著幽他一默，順便也幽自己一默吧！

那個人得罪了你，你哭喪著臉，覺得自己很倒楣。

但是，你有沒有想過，那個人雖然讓你的生活增加了許多晦氣，但是他並沒有奪走你笑的權利。

只要你懂得轉換自己的心情，就能讓晦氣變成生活的調劑。

古時候，替人理髮的人稱做篦工，除了理髮，他們還兼管掏耳朵。

一次，某位篦工替客人掏耳朵時，下手太重，被掏的人感覺很疼，只好把頭偏向另外一邊。沒想到，這個欠缺職業警覺性的篦工也跟著湊過來，而且越掏越深，越掏越疼。

被掏的人別無他法，又不好直說，只好問：「那邊的耳朵掏不掏？」

「當然要掏！」篦工擺出一副理所當然的模樣，回答：「只是，要先掏完這邊這一隻，再去掏那一隻。」

被掏的人聽了，開玩笑地對他說：「喔！好險！我還以為你要從這邊直接通過去呢！」

明明是很不愉快的事，只要用幽默的態度去面對，你會發現，悲劇和喜劇，其實都在一念之間。

美國的喜劇泰斗鮑伯霍勃深諳這個道理，他的家裡有六個兄弟，每次上廁所總要注意廁所有沒有人正在使用，鮑伯不以爲苦，反而還自嘲的說：「在我排隊等著上廁所的時候，我學會了跳舞。」

不管是什麼事，只要戴上幽默的眼鏡，世界就會添上一層繽紛的色彩。

壞心情的確令人困擾，但是你不應該因此而替自己製造更多人際關係上的困擾。下一次，當別人不小心得罪你的時候，你不妨試著幽他一默，順便也幽自己一默吧！

風趣謙虛能增強你的魅力

懂得謙虛，在待人接物時我們便不致於誇大膨脹，也因為步步踏實，反而能讓我們更有自信地面對一切。

想要改變對方的想法，就要使用幽默的方法。

幽默是最強大的征服力量，既可以讓對方卸下原有的心防，也可以緩和潤原本僵持對立的氣氛，更能夠增強自己的魅力。

施萊艾爾馬赫是德國著名的哲學大師，還是個非常專業的神學家，在神職的工作崗位上表現得十分出色。

許多人都這麼稱讚他：「施萊艾爾馬赫的佈道對象非常廣泛，他的佈道真是男女老少都愛。」

的確，當其他神父佈道時，聽眾清一色都是些上了年紀的人，但是當施萊艾爾馬赫演講時，總是能吸引來自社會各個階層的人，不僅有大學生，還有不少貴婦及各級官員。

不過，當施萊艾爾馬赫聽到人們這麼讚美他時，卻是這麼解釋的：「的確，我的聽眾是由學生、貴婦和官員組成，學生們也確實是為了聽我演講而出現。不過，那些女人們來是為了監看她們的孩子，至於官員們，則是為了配合他們的女人才勉強出現的。」

聽見施萊艾爾馬赫謙虛的解釋後，我們反而更能了解他的魅力，不是嗎？

正是這樣謙虛幽默的態度，讓施萊艾爾馬赫吸引了這麼廣泛的聽眾，畢竟演講者若少了幽默感，是很難獲得聽衆的支持。因此，喜歡高談闊論的人，或是愛對屬下們精神演講的主管人物，不妨認眞地培養點幽默感，台下的人們自

然樂於配合鼓掌叫好。

不過，除了幽默感之外，更不能忘記謙虛的態度。懂得謙虛，在待人接物時我們便不致於誇大膨脹，也因爲步步踏實，沒有虛構和浮誇，反而能讓我們更自信地面對一切。

畢卡索的畫作得到世人公認之後，便有許多收藏家開始以高價收買。他們哄抬的價格之高，經常令其他人望之怯步，甚至連畢卡索本人都自認買不起自己的作品。

某天，有一大群好朋友來拜訪畢卡索。在屋內，他們見到牆上掛了許多畫作，不過他們卻也發現，牆上的畫作竟然全部都是別人的作品，畢卡索自己的作品連一幅也沒有。

「畢卡索，你不喜歡自己的作品嗎？」朋友忍不住提問。

「不，我非常喜歡自己的創作，但是那些舊作實在太貴了，我買不起。」

畢卡索這麼回答。

眞是因爲買不起嗎？

當然不是了，一向最肯定自己創作天分的畢卡索，應該比別人更懂得自己作品的價值，也無須花錢去買，不過當人們一窩蜂地拉抬他的作品價格時，他更懂得去尋找和自己截然不同的創作。

也許，我們可以這麼猜想，對他來說，與其高掛自己的作品，不如多欣賞其他藝術家的作品，更能讓他激發出全新的創作靈感。

生命本身不必過分張揚，風趣謙虛反而更能表現出你的不凡，只要懂得用幽默的方法，你同樣能風趣地表達自己的想法，進而改變別人的看法。

多觀察一點，才能識破虛偽狡詐

適當的懷疑並非壞事，對人多一點點提防，也多一點點觀察，我們才能阻隔那些虛偽巧詐的人，讓更多真心誠意的人與你我牽繫。

讓人發噱的幽默言談，往往更能讓對方深思你要表達的意思。

當你面對一樁又一樁的惱人事情，面臨受也受不完的鳥氣，與其憤怒地破口大罵，還不如想辦法透過幽默的方法，婉轉說出自己的看法。

有個法律系的學生被安排到法院實習，碰巧遇上一件殺人案沒人審理，因而獲得審問罪犯的機會。只見學生指著凶器問被告：「你見過這把刀嗎？」

被告搖頭說：「沒有！」

實習生見被告否認，為求慎重，反覆地訊問被告，不過被告始終堅決否認，直說：「沒見過！」

退庭後，實習生反省自己，總覺得表現不佳，「不對，一定是我的態度不夠嚴厲，缺乏威嚇的力量，明天我一定要表現出威嚴，才能鎮懾住對方。」

於是第二天開庭時，便見實習生緊皺著雙眉，並睜大了雙眼，然後拍著桌子厲聲問道：「說！你見過這把刀嗎？」

「見過！」被告低聲回答。

見被告承認了，實習生更加確定威懾力的作用果然重要，於是他又猛地拍了一下桌子，問道：「說！是什麼時間？什麼地點？」

「昨天！這裡！」被告顫抖地說。

很有意思的結果，所謂「威嚇」的功效大概就像故事中的情況，只不過被告的答案令人啼笑皆非。現在，我們再看一個類似的例子。

話說在另一個法庭上，有位法官問嫌疑犯：「你見過這把刀子嗎？」

「當然見過。」嫌疑犯說。

「這麼說，你認得這把刀子？」法官追問。

「是的，一連三個星期，您每天都把拿它給我看，我又怎麼會不認得它呢？」嫌疑犯一派輕鬆自在地回答。

兩則不同的故事卻有相同的答案，讀完後你有了什麼樣的看法呢？

當我們走出法庭回到現實生活中，想起與人交流時所遇見的虛情假意，或是讓人嗤之以鼻的奉承恭維，其實不也和故事中的案例相似嗎？很多時候，我們不也難辨其中眞僞？

就像第一個例子，看似被震懾住的被告，到底是眞冤屈還是假畏懼，也只有他自己知道，要想從顯現於外的委屈面容看出眞相恐怕很難。

這樣的結果說明，想看見人們的眞心或是確實評判出對方的眞假，用威嚇

的方式是行不通的。那麼，我們要怎麼樣才能確信對方的心是眞誠的呢？

除了時間，還需要敏銳的觀察力和判斷力。不是人人都值得我們掏心掏肺，好比有些人看起來畏縮，並不代表我們可以輕忽鄙視，因爲一旦機會到手，他們也許比我們還敢拼搏。

反之，有些人看起來一派大方，也不代表我們能夠與之相互扶持、共享福禍，因爲除非事到臨頭，否則測不出對方的心眼到底是寬闊或狹隘。

人心難測，即使是再公正的法庭、再神聖的教堂，也無法探測出僞善者的心。因此，適當的懷疑並非壞事，對人多一點點提防，也多一點點觀察，我們才能阻隔那些虛僞巧詐的人，讓更多眞心誠意的人與你我牽繫。

犯了錯，別再拖人下水

一人做事一人當，是要我們正視自己的問題，並靠自己的力量解決問題，因為我們沒有權力要求身邊的人分擔我們的過錯。

老朋友相見時，當然會有一番寒暄與問候，而且多半會從老問到少、從今天天氣問到昨天情緒，畢竟難得再見面，自然很想了解彼此這些日子的情況。只是問候關心前，還是多做點功課比較妥當，免得自己問錯話發生尷尬，更可以避免觸碰到他們不想提的傷心往事。

翰森和多納爾已經許久未見了。

翰森一看見老朋友，第一句話便是關心地問候起他的孩子：「多納爾，這麼多年了，想必你兒子已經有番成就了吧！」

只見多納爾聳了聳肩，嘆了口氣說：「唉，他到底有多少成就我是不知道，不過政府倒是挺看重他。」

翰森先生不解地問：「哦，這怎麼說呢？」

多納爾回答說：「因為，警察不久前才貼出公告，說若是找到他可以得到十萬塊獎金。」

若非多納爾冷靜自嘲，問錯話題的翰森恐怕不知道接下來要怎麼和多納爾交談吧！

從簡短的對話，我們聽得出多納爾對兒子的無可奈何，踏錯了人生的路，還被警方四處通緝，有這臭名遠播的兒子，對身爲父親的他來說想必是十分難堪的，而其中的傷心，局外人也不難深刻感受到。

但他還能自嘲，或許他早就看開一切，只是，身爲人子的人怎能讓雙親獨

自面對這樣的傷心、難堪？

對父母親該有體貼孝順的心意，對於身邊的親友，我們更應該設身處地的替他們著想，不該是老想著利用他們來拓展自己。

可惜，這類例子從來都沒有少過，其中最常見的就像以下這則故事。

某個小鎮的鎮長不時為了堂兄的言行苦惱。

原來，他的堂兄非常狂妄，很喜歡搬出鎮長之名來向他人炫耀、施壓，特別是當犯下了違規事情時，鎮長肯定會被他拖累。

無可奈何之下，鎮長只好對下屬們說：「記住，你們務必要謹守自己的崗位，千萬不要理會我堂兄的搬弄或恐嚇。你們有你們的職責，只要他犯錯，你們根本無須考慮到我。」

得到鎮長的授意，警察和官員們對於那名堂兄再也不畏懼了。

有一天，那位堂兄又鬧事，因而警員到場將他帶回警局審訊。

這堂兄發現警察們的態度大不如前，氣憤地辱罵著：「你們這些王八蛋，

你們不知道我是誰嗎？」

局長走了出來，冷靜地看著他，然後拿起電話撥到鎮長辦公室，接著不慌不忙地說：「請告訴鎮長，他的堂兄目前正在警察局，但他的情況很糟糕，似乎已經忘了自己是誰了。」

生活中，許多人不也如此，開口閉口都是：「你不知道我是誰嗎？」犯了錯不冷靜深思自己的過錯，老是抬出親朋好友的名號施壓，或是手忙腳亂地找人幫忙關說，看在別人眼中，只不過是跳樑小丑。像這種忘了自己是誰的人，要是倚靠的勢力不再，而犯錯又已成了習慣，最終下場可想而知。

時時提醒自己，別犯了錯就想拖身邊的人下水，要正視自己的問題，靠自己的力量解決問題，因爲我們沒有權力要求身邊的人分擔我們的過錯，更沒有資格要求親友替我們的過失收尾。

肯面對錯誤，人們便願意包容原諒並給予支持，最重要的是，能面對過錯，我們才能避免再次犯錯。

多從他人的角度看事情

當人際關係出現了問題，就不能再站在自己的角度評論他人的是非對錯，而是要站到對方的位置上思考、剖析問題。

有個畫家為一間教堂彩繪壁畫，作品完成時牧師前來視察，卻發現畫家竟把小天使的手指頭畫成了六根。

「先生，您什麼時候見過有六根手指頭的天使啊？真是亂七八糟！」牧師氣憤地質問。

畫家笑著說：「喔，我是沒見過啦！那您是否曾『親眼』見過有五根手指頭的小天使呢？」

儘管牧師皺著眉心，但卻啞口無言。

人和人之間的距離之所以會變得越來越遠，是因爲每個人總是站在自己的角度看對方，很少有人會站到對方的身旁，一同觀看事物，並用相同的角度來思考、評論。

當然，若從「常理」來做判斷，五根手指才算正常，然而若再從科學的角度來思考，世上不也有因爲基因問題而天生就有六指孩童嗎？

在羅浮宮中，有兩位美國富翁正站在「耶穌降生」的圖前，其中一個人說：「唉，我實在無法想像，他們連最基本的生活條件都這麼差，到底要怎麼活下去啊？你看，那孩子居然直接躺在乾草上，實在太可憐了。」

另一名富翁則說：「怎麼會呢？你不知道耶穌的父母親很富有嗎？」

「富有？」朋友不解地問。

「不然，他們當時怎請得起像緹香這樣的畫家為他們作畫呢？他的索價不是很高嗎？」富翁補充道。

在這則小故事中，富翁的思考與晉惠帝的「何不食肉糜」有著異曲同工之妙，他們只懂得從自己的價值觀去看待他人的世界，並以自己的想法去斷定別人的價值，至於關於畫裡的意境、關於現實世界裡的苦況，他們始終看不見也體會不到，所以晉惠帝的愚昧引發之後的八王之亂，而那名富翁的自以爲是也讓他鬧了個大笑話。

回到現實生活中，若是希望人與人之間能有良好的互動，期望彼此能有絕佳的合作關係，第一步要做的，便是多從別人的角度看事情。

此外，當人際關係出現了問題，就不能再站在自己的角度評論他人的是非對錯，而是要站到對方的位置上思考、剖析問題。如此一來，不僅能找出問題的癥結，還能更進一步了解對方的心。

凡事多替別人想一想

記得與人交往時，多從對方的角度看事情，多了這一份體貼心，將能贏得更多人的好感與信任。

激勵作家約瑟夫．紐頓曾經寫道：「化解矛盾的最有效方法就是幽默。只要適時運用幽默的方法，就能避免彼此爭論、對立，而且可以使對方瞬間恍然大悟，理解自己犯下的錯誤。」

幽默的語言是化解自己和別人衝突的最佳應變智慧，懂得運用幽默的方法表達自己想法，不僅可以替自己解圍，同時也會適時改變對方的想法。

賈這天買了三斤豬肉回家，請妻子要好好烹調，旋即轉身出門去。就在賈回家吃飯前，許久未嚐鮮肉美味的太太，竟然邊做菜邊將肉給吃光了。

午飯前，賈按時回到家中，並滿心期待著妻子將豬肉料理拿出來。未料，妻子卻對他說：「其實，事情是這樣的，那塊肉被貓吃光了。」

「被貓吃了？」

賈回頭看著安靜臥在地上的貓，狐疑地走了過去，然後將貓抱起來，放到磅秤上秤重。「咦？正好三斤，不對呀，如果那三斤肉全變成了貓，那原來的貓跑到哪兒去了呢？又假如這三斤是貓，那塊豬肉又跑到哪兒去了呢？」

賈斜睨著說謊的妻子，卻見她滿臉尷尬地笑著。

要戳破謊言，其實不必太繁瑣的計算，也不必多仔細的追根究底。賈沒有大聲斥責老婆，而是聰明地借用「貓的重量」找出眞相，結果似乎比怒目相向來得有效。轉念一想，吃都吃了，怒火再旺也無濟於事，徒然讓自己肝火高燒，造成夫妻吵架還算事小，萬一不小心拖累了身體，那可一點也划不來！

聰明的賈當然知道這個道理，所以利用貓暗中告訴老婆：「我知道肉是被妳吃了，妳定然知道肉的美味，我願意體諒妳的情不自禁，不戳破妳的謊言，但請以後在品嚐美味時，別忘了妳老公呀！」

知道賈眞正想告訴老婆的話了嗎？

很簡單，那就是：「在做任何事前，別忘了替別人想一想！」

夫妻相處之道如此，與人相處更應該如此。當別人相信你，把心中秘密與你分享時，都是怎麼看待的？

有個朋友神秘兮兮地問霍加：「你知道我們城裡誰最能保守秘密嗎？」

霍加笑著說：「我只知道，別人的心靈並不是我的穀倉，所以一直到現在，我還沒有向誰揭開過自己心中的秘密。」

別人傾訴心中私密的困擾，也大方和我們分享生活中的隱私，本意只是想找個信得過的人分憂解勞，我們又怎能把他們的隱私當娛樂話題，和其他無關

緊要的人大談這些是非呢？

資訊傳播發達的時代，訊息傳播之快超乎你我的想像，人們對於是非八卦的偏好，也漸往毀人聲譽的方向發展，很多時候因爲一個輕忽不在意，隨口一句話就害得人放棄生命，犯下了無可彌補的過錯。

因此，做任何事前，請多替人想一想！

我們應該時時從別人的立場設身處地想一想，想著感受相同的傷害，與被揭隱私後的傷痛，相信不難感受到其中的難堪與痛苦。

感受到其中辛苦後，記得與人交往時，多從對方的角度看事情，多了這一份體貼心，將能贏得更多人的好感與信任。

別輕忽人們給你的否定聲音

別再輕忽別人的否定聲音，也許這些聲音不太悅耳，但是唯有找出原因，坦然面對、積極修補，自己才有進步的考能性。

曾經有位鋼琴家對作曲家雷格說：「我發現自己最近的演奏功力進步神速，想買一架新的鋼琴來練習，還有，我很想買個音樂家的半身塑像來裝飾我的新琴，你說，我買莫札特好呢？還是貝多芬比較好？」

對於眼前這位所謂的鋼琴家，雷格可是從未肯定過他的才能，因而立即回答：「我看還是買貝多芬吧！反正他是個聾子！」

聽見人們的冷嘲熱諷確實難受，我們也知道要給人多一點肯定與支持，少一點否定和諷刺，但有些人的確需要一點刺激。

有時候，適時也適度地給人一些否定看法，反而能給對方更大的思考與反省空間，或是讓他們看見自己還有待補強的地方，一如雷格坦白給予鋼琴家的眞心話。

古希臘哲學家第歐根尼經常在大白天也提著燈走路，人們碰到他時，都忍不住要問他：「先生，您為何在大白天提燈呢？」

哲學家回答說：「我正在找人。」

這個答案其實是哲學家在諷刺當代社會中，沒有一個人真正配得上「人」這個字的。正因為他抱持著這樣的觀念，因而當亞歷山大大帝前來拜訪他時，他的態度依然十分耿直，不像其他人那樣謙恭卑微。

當時，亞歷山大態度謙卑地對他說：「先生，如果您有任何需要，請儘管說，我一定會滿足您的一切需求。」

第歐根尼點了點頭，然後卻爬進酒桶裡，接著說：「好，希望你能讓到一邊去，因為你遮住了我的陽光。」

因爲第歐根尼心中唯一的盼望，是能找到一個眞正的「人」，所以外在的權勢富貴根本對他毫無影響與作用。

換句話說，或者第歐根尼心中最盼望的，其實是你我能從他的「否定」中仔細思考，尋求該如何讓自己成爲一個眞正的「人」吧！

從故事中延伸出來，當我們聽見人們的嘲諷或否定時，也應該先反省自己，想一想自己是不是眞如對方所說的尚有不足，或是我們自傲的能力，在對方看來不過是小聰明而非眞有實力。

相對的，別再輕忽別人的否定聲音，也許這些聲音不太悅耳，但是唯有從中找出他們否定的原因，坦然面對、積極修補，自己才有進步的考能性。

用機智解決問題，生活才會順利

想時時順利，就得用心思考生活中的每一步，認真培養臨危不亂的膽識，也努力養成見機行事的機智。

你是個有小聰明的人嗎？你自覺有顆聰明的腦袋瓜嗎？

那麼，對於老天爺特別賜予你的聰明智慧，你是否懂得好好利用？還是老用小聰明到處製造問題？

聰明的人懂得運用機智解決問題，至於僅有小聰明的人，遇到不如己意的事情，就會原形畢露，滿嘴粗話。

其實，想讓對方改變想法，不一定要暴跳如雷，破口大罵。如果能用幽默的方法表達自己的看法，對方的體悟必定更加深刻。只要能保持幽默的心情，再機車的人，再棘手的事情，也可以輕輕鬆鬆搞定。

有一個工匠受命為國王打造一副盔甲，盔甲完成後，國王便命人將盔甲穿在木偶身上，然後，還親自檢驗它是否堅固，能不能護住身體。

只見國王朝著盔甲猛刺一劍，旋即便見盔甲上出現了一道很深的裂痕。國王一看到這個裂痕，大怒道：「這什麼東西？能保護我嗎？你回去再做一副更好的盔甲來，要用心啊！要是新盔甲同樣不堪一擊的話，你的腦袋就不保了。」

工匠一聽，嚇得渾身發抖，轉念想到了仁慈的宰相比爾巴。

「大人，請您一定要救救我啊！」工匠哀求道。

比爾巴了解情況後，也認真地幫他想出了一個對策。

沒隔幾天，工匠送來第二副盔甲，但卻請求讓自己穿上盔甲進行檢驗，國王答應了，並派了一個最機靈的士兵出場試驗盔甲。

然而，當士兵舉劍準備刺向工匠時，工匠卻突然大叫一聲，朝著士兵猛然

撲過去。這士兵被工匠突如其來的舉動嚇到了，結果他的劍還沒有刺出去，就已被驚嚇得退了好幾步。

國王斥問工匠：「你在幹什麼？為什麼要這樣做？」

工匠回答說：「國王陛下，我的盔甲可不是做給木偶穿的啊！試想，當敵人猛刺過來時，穿盔甲的人必定會反抗，不是嗎？這樣一來，盔甲並不會那麼輕易被擊破呀！」

國王聽了工匠的話，點了點頭，但旋即一想，工匠不可能會有這樣的機智巧思，便追問這個回答怎麼來的。

工匠只得老實對國王說：「是比爾巴教我的。」

「果然如此。」國王印證了自己的推測，笑著點了點頭。

擁有比爾巴這種臣子的國王看來是全天下最幸福的君主了，能有如此聰明的人輔佐朝政，國政自然清明，人民也能更安心居於天子腳下。

從宮廷走出來，我們處世時不也應該培養這樣的智慧？

第一步要能了解人性與人心，我們才能像比爾巴一樣，能在非常時候審時度勢，爲人解題。第二步便是要有公正與仁愛之心，這不僅能獲得人們的支持與信任，最重要的是，能得到對手的信服。

聰明的腦袋不是用來製造問題，而是用來解決問題的，處世首要是求人和，而非與人相爭。

生活要能平順無憂，我們得時時告訴自己：「處事一定要冷靜思考，理性處理。」

在人生路上，沒有人不想時時皆順利。想順利，就得用心思考生活中的每一步，認眞培養臨危不亂的膽識，也努力養成見機行事的機智。

3.
PART

用智慧的語言使人際關係更圓滿

靈活地運用語言，
幽默中帶有智慧，
謹慎處理談話內容，
體諒對方心情，
對於開拓圓滿的人際關係，
有著極大的影響。

吃了悶虧，不能自認倒楣

改變處世態度，即使是弱者也能威嚇他人。對於不講理的人，只有轉變態度與對方抗爭才能改變現狀。

雖然傳統教育教導我們的是凡事不斤斤計較，即使是對自己無禮、不尊重的人，也不能用同樣無禮的態度回敬。

然而，世間的人形形式式，有些人就算你不去招惹他，對他百般忍耐，他也會自己來招惹你。面對這種人，如果可以眞的做到完全不計較、不在意，那日子倒還好過；若只是自我安慰，欺騙自己毫不在乎他人如此對待，只是顯現出自己的懦弱而已。

要知道，對付「欺善怕惡」的人，最好方法就是以其人之道還治其人之身，甚至，有時候恫嚇也是一種方法。

才華出眾的德國作曲家華格納由於自視甚高，因此待人傲慢，以捉弄別人為樂。例如，當觀眾為他精采的創作而熱烈鼓掌時，他反而突然打斷掌聲，奚落大家說他的作品不是為了引起狂熱，讓聽眾尷尬不已。

只要是初次慕名到他家拜訪的人，通常要在客廳裡等上很長的時間。好不容易等到主人出現了，也要有大排場迎接他，才肯走下樓接待客人。這時，客廳的門會一下子突然全部打開，僕人站滿兩旁，好像他是一位國王，必須前呼後擁似的。

接著，他會帶著傲慢無禮的氣勢站在樓梯上，用鄙夷的眼神把客人從頭看到腳，讓人感到不舒服。

甚至他的穿著也會故意侮辱人，有時候，他穿著天鵝絨或緞子製的都鐸王朝時期的裝束，頭上戴著亨利四世戴的那種帽子，奇怪的裝扮常常讓客人覺得

莫名其妙。然後，他才會解釋說，穿這種服裝是為了培養作曲時的靈感。

有一次，大作家大仲馬懷著崇敬的心情前去拜訪華格納，沒想到也受到了同樣的待遇。

大仲馬雖然不高興，仍然耐著性子謙虛地說即使自己對音樂幾乎是一無所知，也明瞭華格納所作樂曲的美妙。但是從頭到尾，華格納臉上沒有一絲笑容，根本不理會大仲馬的話。

後來，大仲馬再也忍耐不下去，就立即告辭，憤憤離開了。回到住處後，他馬上寫了一篇諷刺文章，寄到巴黎一家報社。

文中寫道：「華格納的曲子是噪音，靈感來自於黑漆漆的鐵器店裡一群貓的亂蹦亂跳。」

哪知文章還未發表，華格納便到大仲馬家拜訪了。這位一向傲慢的音樂家怎麼也想不到，自己也會遭到生平第一次的漠視。他不僅在休息室裡等了半個多小時，才被僕人帶到客廳，而且連一杯水也沒喝到。

又等了很久後，大仲馬才慢吞吞地走出來，頭戴羽毛盔，身穿插著鮮花的

睡衣，還帶了一個軟木的救生圈。

「請原諒我穿著工作服，」大仲馬神氣地說：「現在我的腦子有一半在帽子裡，另一半則在長統靴裡，我正準備穿上它，寫下一段愛情故事。」

大仲馬總算以其人之道報了上次的「一箭之仇」，可說是大快人心。類似華格納這種無禮傢伙能夠一直惡形惡狀地生存下去原因在於人們面對這種情況，常常是摸摸鼻子自認倒楣，而後無奈離開。

要知道，一旦改變處世態度，即使是弱者也能威嚇他人。

曾有個在婚姻中長期受到丈夫精神虐待的婦女，在某一次丈夫又開始欺負、嘲諷她時，突然改變以往默默承受一切的可憐相，嚴厲地加以反擊。丈夫從來沒想到「懦弱」的妻子也有這麼「強勢」的一面，從此以後再也不敢小看她了。

吃了悶虧不能自認倒楣，軟弱、逃避問題，是無法解決事情的。對於不講理的人，只有轉變態度與對方抗爭才能改變現狀。

用智慧的語言使人際關係更圓滿

靈活地運用語言，幽默中帶有智慧，謹慎處理談話內容，體諒對方心情，對於開拓圓滿的人際關係，有著極大的影響。

最棒的談吐莫過於用長久累積下來的「社會智慧」進行問答，必須要懂得察言觀色，然後再作出適當的回答，如此在言詞方面不僅能夠體貼對方的感受，傳達關愛的感覺，還可以有效解決問題。

或許有人會認爲，要做到這點並不難，只要使用尊敬的口吻與人談話即可。只是，雖然禮貌是談話時重要的一環，但是使用的效果因人而異，因爲說話時口氣過於有禮，有時會讓人有種冰冷、不近人情的感覺。

因此，無論哪一種說話的方式，最好的選擇都在於「能夠讓對方接受」以及「站在對方立場」的言詞。

有一次，美國前總統雷根在白宮鋼琴演奏會上發表感言時，突然「碰」的一聲，第一夫人南茜女士竟不小心連人帶椅摔倒在台下的地毯上。

全場觀眾發出一陣驚叫，但是南茜夫人卻若無其事地爬了起來，坐回原位。這時，站在台上的雷根總統看見夫人沒有受傷後，便說了一句俏皮話：「親愛的，我不是告訴過妳，只有在我沒有獲得掌聲的時候，才需要這樣表演！」

兩百多位聽眾馬上報以熱烈的掌聲。

英軍總司令威靈頓公爵在滑鐵盧大敗拿破崙，凱旋返回倫敦時，舉辦了一場相當隆重而盛大的慶祝晚宴。這次宴會邀請了許多社會名流、貴族紳士，還有許多參戰有功的軍官和士兵。

當天的菜餚非常豐盛，到處洋溢著歡欣的熱鬧氣氛。宴會接近結束時，侍

者在每一位客人面前擺上了一碗放著檸檬片的清水。在大家尚未進行下一個動作時，突然，一名士兵大大方方的將這碗水端起來就喝了一大口，見到這個情形，全場來賓都爆出笑聲。

原來，那碗水是在吃點心前用來洗手的，但是這位士兵出生於農家，根本不懂得宮廷裡的用餐禮儀，結果就鬧出了這樣的笑話來。

當士兵羞得滿臉通紅，恨不得挖一個地洞鑽進去時，威靈頓公爵突然站了起來。他端起身前的那碗洗手水，舉高向所有的來賓說：「各位女士、先生們，讓我們共同舉杯向這位英勇的戰士乾一杯吧！」

在一陣熱烈掌聲之後，大家舉杯同敬這位士兵。

雷根總統和威靈頓公爵不僅有很高的ＥＱ，和幽默、厲害的說話技巧，更有豐富的「社會知識」。

一般人碰到身邊同行的人鬧出笑話時，第一個反應通常是想找個地方躲起來，當作不認識對方，或覺得很丟臉而窘迫不已。

雷根總統卻能巧妙化解尷尬氣氛，讓人激賞他的幽默；威靈頓公爵的人品與作風更讓人大爲感動，即使對一個小兵都能表現他對人的關愛。這也是他們能成爲人們信賴且願意追隨的對象的原因。

充滿和諧氣氛的說話內容，能夠使我們放鬆情緒、緩和神經，還能給予對方好感。善用詼諧的話語，偶爾自嘲一下，就能享受對話的樂趣。一個人說話的內容固然很重要，但是隱藏在言語底下的心思更爲重要。我們可以從對方說話的口氣、小動作、遣詞用字等地方，看出那個人的內在本質。

靈活地運用語言，幽默中帶有智慧，謹慎處理談話內容，體諒對方心情，對於開拓圓滿的人際關係，有著極大的影響。

投其所好便能輕易達成目標

說話要正中下懷，做事對症下藥。當順勢把一個人推上台階可以有利於自己時，那就不用太堅持事實了。

美國人際關係大師卡內基曾舉例，當你想釣一條魚的時候，不是用自己喜歡吃的東西去引誘牠，這樣魚兒是不會上鉤的；魚鉤上放的，一定要是魚兒喜歡的食物，這樣魚兒才會上鉤，才有可能釣到魚。

人與人之間的應對，也是相同的道理。人的眼睛和耳朵不會放過對自己有利的事情，因此，當我們希望引起一個人的注意，或者導引他朝自己設定的方向前進時，必定要懂得投其所好。

有一次，傑出的藝術家米開朗基羅應義大利佛羅倫斯市政長官的委託，將一塊巨大的大理石雕成人像。

米開朗基羅花了兩年多的時間，終於雕刻出一個英雄形象。

揭幕那天擠滿了觀看的人潮，布幕揭開的一刻，眾人都被高超的雕刻技巧折服而讚歎不已。唯獨市政長官將雕像端詳了一陣後，臉色不悅地說：「我不喜歡這尊雕像，它的鼻子太長了。」

米開朗基羅知道市政長官只是裝腔作勢，根本不懂藝術，於是馬上說：「先生，我立刻讓它改變形象，使您滿意。」

說完，他抓了一把大理石粉爬上雕像，煞有其事地在雕像的鼻子上敲來敲去，同時讓手中的大理石粉撒落下來，以示正在修改。

市政長官看了，高興地說：「太好了，你這一改，雕像好看多了！」

其實，他根本不知道，雕像還是原來的樣子，米開朗基羅只是略施小技，巧妙地保護了自己的作品而已。

有一次，英國偵探小說女作家阿嘉莎．克莉絲蒂，前去參加一個朋友的生日宴會。宴會結束準備離去時，已經是凌晨兩點了，克莉絲蒂一個人走在空蕩蕩的大街上，冷風襲來，心中不禁一陣顫慄。

突然，一道黑影閃到她的面前，一個男人閃著手裡亮晃晃的尖刀對她說：「您好，太太。我想您不願意死在這兒吧？」

「你要什麼？」克莉絲蒂很快反應過來。

「請您把耳環摘下來，太太。」

克莉絲蒂立即摘下耳環遞了過去。

「現在，我可以走了吧？」她一邊說，一邊故意用另一隻手合上外套的領子，將脖子蓋住。

強盜注意到了克莉絲蒂這個微小的動作，盯著女作家說：「請把您的項鍊也取下來，太太。」

「那不值錢，請讓我留著吧。」克莉絲蒂哀求道。

「廢話少說！快點拿來。」強盜把手中的刀在克莉絲蒂眼前晃了晃，惡狠狠地威脅著。

克莉絲蒂這才不捨地取下項鍊丟在地上。

強盜扔下耳環，撿起項鍊就逃了。

克莉絲蒂望著那人的背影笑了。她拾起地上的耳環，自言自語道：「不識貨的蠢東西，這副耳環才真正有價值，可值四百八十英鎊呢！被拿走的項鍊只值六英鎊十先令！」

有些人喜歡在衆人面前裝模作樣、賣弄知識，展現他的權勢。若他剛好是個不能得罪的人，我們也只能順勢推舟，滿足他自大的心理。就像米開朗基羅沒有一語道破對方不懂得藝術，反而讓市政長官覺得自己很有藝術涵養，也藉此保護了自己的作品。

克莉絲蒂更不愧身爲偵探小說名家，非常了解罪犯的心理。強盜要的就是值錢的東西，表現得愈捨不得，就顯示這個東西愈有價值，因此她反過來用較

不值錢的項鍊釣強盜的胃口，才得以保住更值錢的耳環。

說話要正中下懷，做事要對症下藥，人的眼睛和耳朵不會放過對自己有利的事情，投其所好就能達成自己的目標。

當順勢把一個人推上台階可以有利於自己時，那就不用太堅持事實了，因爲對著一塊石頭講再多的話，它也不會點頭的。

態度體貼，對方就無法拒絕

人的慾望各不相同，唯有體貼對方的需求，才能博得他人好感，進而使對方接受自己的意見。

合作任何一件事時，想讓對方配合自己，除了必須使對方心甘情願之外，還要設法迎合對方的期望，這樣才有辦法達成自己想要的目標。

人與人的相處，不能只考慮自身的利益和立場，即使自己站在有理的一方，也要費點心思爲對方著想。將重點放在能爲對方帶來什麼好處，才能使事情有客觀的發展，也較易讓人有合作的意願。同時要使對方了解，決定權在對方身上，沒有任何人可以左右他。

有一次，英國首相邱吉爾和夫人克萊門蒂娜一同出席某位重要人士舉辦的晚宴。席間，一位外國外交官看見一只小銀盤，心裡很喜歡，就偷偷將銀盤塞入懷裡，這個小小的舉動剛好被女主人發現了。

為了顧及對方的面子，細心的女主人並沒有當面揭穿，但是她很著急，因為那只小銀盤是一套深具紀念價值古董中的一部分，對她來說非常重要。

不知道該怎麼辦的時候，女主人靈機一動，求助邱吉爾夫人，看看是否有比較好的方法把銀盤拿回來。

邱吉爾夫人略加思索後，便向丈夫耳語一番。

只見邱吉爾微笑著點點頭，隨即用餐巾作掩護，也「竊取」了一只同樣的小銀盤，然後走近那位外交官。

邱吉爾故作神秘地掏出口袋裡的小銀盤對外交官說：「我也拿了一只同樣的小銀盤，不過我們的衣服已經被弄髒了，所以應該把它放回去。」

外交官有點慚愧，但是仍然對此語表示完全贊同。於是兩人就將盤子放回桌上，小銀盤就在平和、不動聲色的情況下物歸原主了。

美國總統羅斯福有一次寫信給衛爾．塔夫，信中充滿希望由他出任最高檢察長的意思，但是在這封信的結尾，羅斯福這樣寫著：「衛爾，這件事最後該怎麼做，決定權還是取決於你自己。就像當初沒有人替我決定，究竟該隨軍出征，還是留在首都做海軍次長？是做副總統，還是仍舊做州長？因為自己最懂得自己，外人的意見只是個參考。自己做出的決定，才是最正確且有把握的。」

塔夫收到這封信後，立刻就答應接任了。

「以退爲進」是羅斯福與邱吉爾待人的方式。他們並沒有強硬表達自己的意願，而是從對方的立場來爲他們設想。

邱吉爾以「共犯」的身分讓外交官明白偷竊是不好的行爲，這樣不但能保住外交官的面子，也可以漂亮的私下解決這件事。

羅斯福則非常了解人性，明白有時候強硬的命令反而容易讓人反抗，於是巧妙地換個方式，讓決定權回歸到衛爾．塔夫的身上。

此舉讓衛爾．塔夫有受人尊崇和敬重的感覺，即使原本沒有出任意願，也會信服這位有智慧的領導者。

人的慾望各不相同，每個人所重視的都不一樣。因此，與人交往要特別注意每個人的需求，唯有體貼對方的需求，才能博得他人的好感，進而使對方接受自己提出的意見。

老實說出自己的企圖

人生不可能完全盡如人意，與其要事情為你而改變，不如改變自己去迎合每一個你想要以及你不想要的狀況。

法國文豪巴爾札克在《高老頭》一書中曾經諷刺地說：「也許人的天性，就喜歡教那些為了謙卑，為了懦弱，或者為了滿不在乎忍受一切的人，去忍受不合理的一切。」

其實，當你遇見不合理的差別待遇，又遲遲無法獲得改善時，大可不必一味要求自己忍氣吞聲。有時，不妨老實地直接說出你的「惡毒」企圖，如此一來，事情就會出現重大的改變。

一戶人家請客，席間，主人看某個不請自來的客人特別不順眼，故意在桌面上少擺一雙筷子，希望這名客人能夠主動知難而退。

豈知，不知道這名客人是真笨還是裝傻，完全沒有察覺出自己所受到的不公平待遇，依舊大剌剌地坐在位子上，一點要走的意思都沒有。

酒菜上桌之後，眾賓客紛紛舉起筷子準備夾菜，這個沒筷子的客人只能獨自在一旁袖手旁觀。

儘管他一再向僕人交代多補雙筷子過來，訓練有素的僕人都故意視而不見，置之不理。到最後，客人別無他法，只好站起來，大聲地對主人說：「請您給我清水一碗！」

主人詫異地問：「桌上有酒，你要水幹什麼？」

「我要用水把手洗乾淨，好伸手抓菜吃。」

你說，這名主人接著送上來的會是清水還是筷子呢？

既然沒有筷子，我們就應該要採取不用筷子的辦法。

如果這名客人堅持要一雙筷子，也許最後他什麼也得不到；由於他安於自己目前的處境，退而求其次，反而得到了他應得的一切。不要懷疑，這就是人生的奧妙。

如果想要的你得不到，那就靜下心來，看看你現在可以得到的是什麼。

人生不可能完全盡如人意，與其要事情爲你而改變，不如改變自己去迎合每一個你想要以及你不想要的狀況。

以樂觀的態度走上人生旅途

樂觀的人比較有自信，就算碰到難題也會勇往直前，比起悲觀的人更敢於承擔事情的風險，當然成功的機會就比較大。

沒有生來不幸的人，只有選擇不幸的人。用積極的想法過日子，人生是彩色的；生活中只剩消極的想法，人生當然是黑白的。

面臨考試日期將近，樂觀的學生倒數日子時，會想著：「太好了！我『還有』這麼多天可以唸書。」

悲觀的學生則愁眉苦臉地嘆氣：「『只』剩下幾天而已，一定來不及的。還有那麼多書沒看完，大概也考不上了，乾脆放棄算了。」

就這樣，樂觀的學生加緊腳步，把握最後幾天作考前衝刺。悲觀的學生則連做最後總複習的心情也沒有，之前的努力不僅白白浪費，更因爲心理因素影響到自信，把該把握的分數也丟掉了。

有一次，一名新聞記者問大文豪蕭伯納：「蕭伯納先生，請問樂觀主義者和悲觀主義者的區別何在？」

只見蕭伯納撫摸著他引以自豪的鬍鬚沉思了一會兒，便回答說：「這很簡單。假設一個人在口渴又缺水的狀況下，正好看見桌上有一杯剩下一半的水，看見這杯水的人如果開心地叫喊：『太好了！還有一半呢！』這就是樂觀主義者；如果這個人只是哀愁地對著這杯水嘆息：『真糟糕！只有半杯而已。』那就是悲觀主義者了。」

巴爾肯是美國著名的社會心理學家，某次在宴會上他提出了一個建議，請在場所有人用最簡潔的語言寫出一篇「自傳」，行文用句要簡潔有力到甚至可

以刻在墓碑上作為死後用的墓誌銘。

所有的人開始冥思苦想，遲遲無法提筆作文。

當大家頗為苦惱時，有一個年輕人卻迅速站起身來，交給巴爾肯一篇只有三個標點符號的自傳：一個破折號，一個感嘆號和一個句號。

巴爾肯充滿興致地問年輕人這三個標點符號各代表什麼意思，年輕人回答道：「一陣橫衝直撞，落了個傷心自嘆，到頭來只好完蛋。」

望著那位年輕人憂鬱的神情，巴爾肯沉思了片刻，提筆在這篇「自傳」的下方有力地寫了三個大大的標點符號：一個頓號、一個刪節號和一個大問號。

看著年輕人不解的神情，巴爾肯用鼓勵的口吻說：「青年時期只是人生一小站；道路漫長，希望無邊；豈不知『浪子回頭金不換』？」

人都有許多無可避免的煩惱，但是眞正擴大這些「痛苦」指數的，其實是自己。一件事情發生時，總是持負面想法的人會瞬間陷入谷底，活在自己的狹小空間中，腦子裡只有「一切都完了」、「人生再也沒希望」的聲音迴盪。就算面對的是不那麼嚴重的問題，也以爲世界即將毀滅。

跟悲觀的人相處，無疑是一件辛苦的事。因爲快樂的時候，卻看見一張苦瓜臉，那再怎樣快樂的人大概也笑不出來了，滿心歡喜被大打折扣，久而久之，任誰都會受不了。

樂觀的人比較有自信，就算碰到難題也會勇往直前，比起悲觀的人更敢於承擔事情的風險，當然成功的機會就比較大。

不管你怎麼想，地球依然運轉，太陽仍舊升起，事情並不會因爲抱怨而改變。那麼，何不讓自己輕鬆過日子呢？

與人相處，必須帶有堅持

對任何事情，都要有一定的堅持。「軟弱的人格」較容易招來失敗，因為這種人放棄了自己存在的價值，也容易失去信心。

人的性格，大致可分爲「強硬」與「軟弱」兩種型態，這兩種類型的人也容易因爲互補而湊在一起。

但是，完全以「強硬」或「軟弱」的方式來處理人際間的交往，那就不是一個好現象。

個性強的人，通常以自我爲中心，雖然認同他人的意見，卻不代表會因此改變自己的看法和堅持；個性弱的人，則完全以迎合他人意見、維持和諧氣氛

爲主，但是，相對的也容易失去自己的聲音。

有一次，俄國鋼琴家魯賓斯坦舉行個人音樂會，由於受到大家的喜愛，門票很早就賣光了。

就在演出即將開始時，助理為難地告訴魯賓斯坦，一位貴族太太堅持要見他，魯賓斯坦答應先見她一面。貴族太太一見到魯賓斯坦便端起架子，一臉傲氣地「告訴」他，要他幫自己弄張門票來，即使魯賓斯坦向她解釋門票已經售光了也無濟於事。

她仗著貴族的身分，認為自己應該享有平民沒有的特權，因此堅持要魯賓斯坦幫她拿到票。

魯賓斯坦雖然很無奈，還是很有禮貌地回答說：「夫人，現在只剩下一個座位。如果您願意的話，我非常願意奉送給您。」

貴族太太一聽喜出望外，以貴族傲視平民的態度說：「謝謝你，但是，我要坐在前面，我想這應該不會有問題吧？」

「是的，我這個座位是在前面，而且是在最前面。」魯賓斯坦用手指著舞台說：「就在舞台上，鋼琴那裡！」

貝多芬二十二歲那年，懷著對音樂的熱愛和迷戀之情，來到世界音樂的中心維也納居住。

在這裡，一位名叫李希諾夫斯基的公爵對他的音樂非常傾慕，常常把他接進宮殿居住，款待他有如上賓一般。

貝多芬是個很重情義的人，自然很感激公爵的好意，可是，就在一次事件中，他和公爵鬧翻了。

原來，在公爵舉辦的一次宴會上，拿破崙部隊的軍官也前來赴宴。公爵對他們點頭哈腰，百般諂媚，還要貝多芬演奏樂曲來助興。視權貴如糞土的貝多芬斷然拒絕了公爵的兩次請求，非常瞧不起公爵的行為，即使外面下著大雨，貝多芬也全然不顧，憤慨地離開了公爵家。

一回到家，他便舉起公爵送給他的胸像，用力地向地上摔去，然後致函給公爵。「你之所以為你，是因為偶然的出身；我之所以為我，是靠自己的力量。公爵現在有，將來也會有，而貝多芬卻永遠只有一個。」

從此以後，貝多芬不再與公爵往來。

魯賓斯坦和貝多芬都可歸類爲態度強硬的人，兩人的差別在於魯賓斯坦的強硬中帶點柔和，貝多芬的強硬則不假辭色。

對任何事情，都要有一定的堅持。雖然個性強的人往往不會顧及他人的感受，直接表達自己的意見，可是，通常這樣的人也比較容易成功。

至於軟弱的人會顧慮東、顧慮西，最後放棄發言的機會。「軟弱的人格」較容易招來失敗，因爲這種人放棄了自己存在的價值，也容易因此而失去信心。

可是，並非強硬就是最好的，不是所有的事情都要堅持到底，有時候，倘若影響不大，順其自然就好。所以，最好的人際相處模式便是在強硬的態度中，加入適度的柔軟，人與人之間的關係才能達到平衡。

貪得無饜只會討人厭

如果人終究必須為了自己的幸福貪婪一次，你追求的是眼前短暫的幸福，還是未來長遠的幸福？

湯瑪斯．富勒曾經在《至理名言》裡寫道：「貪婪與揮霍一樣，最終都會使人成為一小塊麵包的乞討者。」

人生需要持久的表現。你現在所踏出的每一步，是在引導你走向路的盡頭，還是在爲你的未來鋪路？

一次，黃庭堅開玩笑地對好友蘇東坡說：「晉朝大書法家王羲之的字被世人戲稱為『換鵝字』，因為，他曾經抄經換白鵝。我聽說有個叫韓宗儒的傢伙為人貪得無饜，每次得到您的一幅字，就到殿帥姚麟那裡換取十斤羊肉。這麼說來，您的書法不就可以稱為『換羊書』了？」

蘇東坡聽了，只感慨地嘆了口氣，一句話也沒有說。

過了幾天以後，當他正在翰林院辦公的時候，韓宗儒家裡的僕人送來一封信，信上盡寫著一些無關緊要的事，目的當然是希望得到蘇東坡的回信，好拿他的字去換羊肉。

送信的信差站在門庭下等了老半天，只見蘇東坡一點回信的意思都沒有。過了好一會兒，信差終於忍不住開口催促，蘇東坡笑著對他說：「回去告訴你們家主子，今兒個改吃素吧！」

富蘭克林說：「貪得無饜的人，等於將自己的前途抵押了出去。」

做人不能只看眼前，就像故事裡的韓宗儒，他用蘇東坡的字換來了幾斤肉，卻因此而失去了蘇東坡這個朋友，更加失去了人們對他的信任與尊重，你說，這豈不是偷雞不成蝕把米嗎？

有遠見的人，不會貪圖眼前的一點小惠小利；有智慧的人，更不會心存僥倖地去鑽漏洞、走捷徑。這不是因爲他們的人品有多麼清高，而是他們懂得「放長線釣大魚」的道理。

如果人終究必須爲了自己的幸福貪婪一次，你追求的是眼前短暫的幸福，還是未來長遠的幸福？

懂得察言觀色，就不必巧言令色

善於利用語言，並不是代表做人就要巧言令色，而是要提高與人和諧相處、完善溝通的能力。

「說話」是人與人之間溝通的重要媒介，也最能直接表達一個人的內心想法。因此，如何將話說得恰到好處，有禮貌且貼切地運用詞彙，配合聲調的傳送，就成爲一種學問。

日常生活中，我們常常不自覺使用了不當的言詞。選擇言詞是一件非常重要的事，用得不美、用得不雅，用得不恰當，就無法打動別人的內心，最後蒙受損害的也是自己。

所謂「良言一句三冬暖，惡語出口六月寒」，說好話有如口吐蓮花，聞者清香見者舒暢，這樣的話才能說到別人的心窩裡。

英國維多利亞女王在位近六十年期間，是大英帝國繁榮鼎盛時期。這位才能出眾，頗有領導力的女王嫁給了她的表哥薩克斯·科巴格·戈薩公爵的兒子阿爾巴特。

阿爾巴特原本對政治不感興趣，但是在女王的潛移默化之下，特也逐漸關心起國事來，最終成了女王的得力助手。

有一次，兩個人為了一件小事起衝突，阿爾巴特一氣之下就跑回房間，緊閉房門不肯出來。過了一會兒，女王前去敲門。

「誰？」阿爾巴特在房間裡發問。

「英國女王。」

回答完後，再也沒有任何回應，屋裡一片寂靜無聲，房門也沒有打開。維多利亞又敲了幾次，仍然沒有回應。這時候維多利亞似乎感覺到什麼，又輕輕地在門上叩了幾下。

「誰？」房裡總算又傳出一聲回應

「是您的妻子，維多利亞。」維多利亞女王溫柔地說。

這時，門開了。

普魯士國王腓特烈二世有一天去視察柏林監獄。

才剛踏入監獄，一群激動的犯人們紛紛跪在他面前，申訴自己的冤枉，又不斷表明自己是如何清白無辜。

只有一個人默不作聲，靜靜地站在一邊。看見他不同於其他人的反應，腓特烈好奇地問他是為了什麼原因到這裡來。

「犯了武裝搶劫罪，陛下。」

「你認罪嗎？」

「認罪，陛下，我是罪有應得。」

聽完回答，國王向獄警招了招手說：「你過來，立即釋放這個罪犯，我不

想讓他留在這裡玷污了這些清白無辜的人。」

人的類型有千百萬種，在這麼多不同型態的人裡，大致可以粗分爲「感情型」和「理論型」兩大類。

面對感情型的人，用強硬的態度相待不如訴之以情，內心敏感的他們反而容易受到感動。因爲溫柔的話語比任何權勢逼迫都還要有效，一句「您的妻子」比「英國女王」更容易召回一顆心。

與「感情型」相較，「理論型」的人就較難動之以情。不過，只要他們認爲合理的事情，大多會表示同意，例如第二個故事中的腓特烈二世。會關進監獄的人，必定犯下某些過錯，口口聲聲說自己是冤枉的、清白的，難以讓人信服，所以倒不如勇於認錯，反而讓人覺得尙有可取之處。

善於利用語言，並不是代表做人就要巧言令色，而是要提高與人和諧相處、完善溝通的能力。適當的說話方式，必定能大大提高人際關係。

4.
PART

罵人，要罵得對方啞口無言

罵人的最高境界，
並非要罵到別人聽不下去，
而是要罵到對方氣得牙癢癢的，
卻又啞口無言。

適時的幽默可以躲過災禍

幽默感是上天賜於人類最好的禮物，平常的時候，我們要善用它；遭遇到不平常的時候，我們更加不可以失去它。

林語堂在《論幽默》一書中說：「幽默是人類心靈的花朵。」古希臘醫學家則認爲：「幽默是治療疾病的調節方法。」

如果比人生比喻爲拳擊賽，那麼，在這場比賽中，面臨對手猛烈攻擊之時，幽默無疑是最靈活的閃躲步伐。

我們可以見到，具有幽默感的人，通常也是充滿機智的人，能夠從容地面對各種意想不到的災厄。

古代有位才子，人稱邢進士，一向以性情幽默聞名，只要有他在的地方，就一定充斥著連綿不絕的歡笑。正因為如此，儘管他身材矮小，卻從來不曾讓人忽略過他的存在。

一次，邢進士在山裡遇到了強盜。那強盜兇狠非常，不但把他身上的錢財搜刮一空，還揚言要殺死他。

就在強盜舉刀之際，邢進士並未露出懼怕的神色，反倒一本正經地對強盜說：「人們經常笑我長得太矮，稱呼我邢矮子，大爺您如果再砍去我的頭，我不就變得更矮了嗎？」

強盜聽了，不覺哈哈大笑，收起手上的刀，饒了他一命。

康德說：「幽默是理性的妙語解頤。」弗洛伊德也說：「最幽默的人，是最能適應的人。」

像邢進士這樣幽默的人，別人就是想殺他也不捨得。很多事，只要能夠讓對方笑了，一切就好辦了。

麥克阿瑟將軍在寫給兒子的祈禱文中，希望上帝除了賜給他兒子「在軟弱時能夠自強不屈，在畏懼時能夠勇敢面對自己，在誠實的失敗中能夠堅毅不拔，在勝利時又能謙遜溫和」之外，更祈求上蒼可以讓他兒子擁有「充分的幽默感」。

可見，幽默感是上天賜於人類最好的禮物，平常的時候，我們要善用它；遭遇到不平常的時候，我們更加不可以失去它。

覺得不公平，就要努力去平衡

既然不公平，我們就必須自己努力去平衡。正面的態度，造就了積極的人生；樂觀的思想，造就了愉快的生活。

如果非得去計算公平或不公平，那麼世上的公平怎麼計較得完？

人生有佔便宜的時候，當然也會有吃虧的時候。

但是，有的人即使佔了便宜都還不懂得知足，有的人吃了虧卻仍然可以笑口常開，這是爲什麼？

對了！關鍵就在看待人生的態度。你用什麼樣的態度去面對，你看到的就是一個怎麼樣的世界。

宋代大臣石中立為人機智詼諧，在當員外郎的時候，曾經與同僚們一塊兒去皇帝的御花園觀賞獅子。

其中，有一名同僚看了之後大發牢騷，忿忿不平地說：「聽說，朝廷每天都要拿五斤上好的肉來飼養這頭獅子，這樣算起來，我們這些官員的俸祿反倒還不如牠呢！」

石中立聽了，笑著說：「那是當然的。我們這些人，不過是個園外狼（員外郎），怎麼能跟園內的獅子相比呢？」

眾人一聽這番妙語，不約而同地大笑起來，原先心中被激起的那股不平之氣，頓時煙消雲散。

別說是官員的待遇不如獅子，在現代社會裡，君子的待遇不如小人更是習以爲常的事。

每個人的人生際遇不同，公平與否自在人心。與其抱怨你所受到的不公

平，不如想辦法去扭轉乾坤，使它變得公平。

同事的薪水比我多，或許是因爲他的能力比我好。再努力一點，我知道我的潛力一定不會輸給他！

數學又考不及格，是我不夠用功？還是我天生蠢材？不，不，不，那只是因爲我還沒有開竅，愛因斯坦還沒開竅之前，比我還要笨呢！

時運不濟嗎？懷才不遇嗎？上天越折磨我，就表示越看重我。只要我可以經得起考驗，上天必會降大任於我。

既然不公平，我們就必須自己努力去平衡。正面的態度，造就了積極的人生；樂觀的思想，造就了愉快的生活。

如果你相信「命好不如習慣好」，那麼請讓樂觀也成爲你的一種習慣。

不要剝奪自己歡笑的權利

人生難免會遭遇到許多不如意。既然愁眉苦臉是一天，開懷大笑也是一天，你又有什麼理由剝奪自己歡笑的權利呢？

湯姆．來里爾曾經幽默地說：「生命有如一條排水溝，你丟進去什麼，排出來的就會是什麼。」

說得更清楚一點，如果你丟進去的是喜樂的思想，那麼生命回報你的當然也會是取之不竭的好運。

南宋名臣葉衡在謫居彬州時，不幸染上了不知名的怪病，只能臥床在家，

眾親朋好友聽聞此事，紛紛前來探望。

想到自己仕途不順，如今身子又不爭氣，葉衡不禁長嘆一口氣，悠悠地說道：「我知道自己恐怕活不長了，對這塵世我倒也沒什麼眷戀，只是不知道人死了以後，到底舒服不舒服？」

沒有人能夠回答這個問題，也沒有人願意花心思去揣想這個問題。

正當眾人哽咽的哽咽，感慨的感慨之際，一位書生突然開口說：「人死了以後，一定很舒服。」

葉衡驚訝地問道：「你是怎麼知道的？」

書生一臉正經地說：「如果死後過得不舒服，那麼那些死去的人們不就全都逃回來了！然而，從古到今，死去的人從來沒有回來過，所以，我敢保證，人死了以後一定很舒服。」

在座的人無不被他幽默的言詞逗得哈哈大笑，病房裡的陰霾一掃而空，換來的是好友相聚的溫馨與歡樂。

如果想要讓自己活得快樂，我們就必須將一些嚴肅的問題，套上輕鬆的想法。若是你懂用幽默的態度去對待生命，你就會發現，人生其實也不過是個笑話而已。

當代最偉大的喜劇演員鮑伯霍勃，在面對自己中年發福的身材時，自嘲地說：「人年紀越大越難減肥，因為到了這個時候，你的身體和脂肪已經結為莫逆之交。」

在感嘆自己年華老去時，他又說：「當你買蠟燭的錢超過買蛋糕的錢之時，你就知道自己真的老了。」

人生難免會遭遇到許多不如意。既然愁眉苦臉是一天，開懷大笑也是一天，你又有什麼理由剝奪自己歡笑的權利呢？

原諒，就是征服的力量

真正的朋友，就要懂得包容、懂得原諒、懂得友情之得來不易。真正的朋友是，不管你做錯了什麼，他仍然把你當成朋友的人。

有的朋友讓你感動，有的朋友令你失望。有的朋友讓你看見了人性的光明面，有的朋友讓你認識了人性的黑暗面。

朋友有許多種，有的是生死至交，有的只是酒肉朋友；有的朋友喜歡你，有的只是想利用你。眞正有智慧的人，即使別人不把他當朋友，他仍然會把對方當成是朋友。因爲，他知道，多一個朋友比多一個敵人好。

胡趲是唐昭宗時代的優伶。

胡趲喜歡下棋，每天都會騎著一頭毛驢，在固定時間到一位老朋友家去下棋，而且一去就是一整天，不到天黑時分，絕對不會離開棋盤。每次胡趲到朋友家，主人都會吩咐家裡的僕人扶大人下驢，並牽驢子去後院洗澡、餵草，這種上賓一般的禮遇令胡趲深受感動，待在這位朋友家的時間也越來越晚。

一天，胡趲正在朋友家下棋，朝廷突然臨時召他進宮，胡趲為了搶時間，還沒等到僕人把驢子牽來，自己就跑到後院找驢子去了。沒想到，當他到達後院時，居然看到自己的驢子滿身是汗，累得氣喘吁吁，仔細一看，驢子的身上掛著繩子，正在替主人家拉磨呢！

胡趲這時才明白，原來自己的寶貝驢子竟然當了別人家的免費勞工啊！

第二天一大早，胡趲再次來到這位朋友家，不過，這一次他是走路來的。依照往例，主人一見到他，就熱情地招呼僕人去「伺候」驢子。只是，胡趲趕緊對主人說：「不用麻煩了，驢子今天沒有騎來。」

「為什麼？」主人好奇地問。

胡趲意有所指地說：「我也不知道為什麼，打從昨天回去以後，牠就生了病，一副頭昏腦脹的模樣，最後竟然累得不支倒地，所以今天我來替牠向您請假，好讓牠休息一下。」

主人聽胡趲這麼一說，知道他發現了自己的如意算盤，卻沒有怒氣沖沖地興問罪，感到非常羞愧。從此，他對胡趲以及胡趲的驢子更是真心實意、百分之百的敬重了。

贏得人心的方法，不是征服，而是原諒。賽勒斯曾勸喻世人：「每個人都有缺點，你能夠找到任何沒有缺點的朋友嗎？也許永遠不能。既然我們可以容忍自己的缺點，那為什麼不以同樣的態度，來面對朋友的缺點呢？」

因此，既然是朋友，就不應該去計較彼此的過失。古有管寧和華歆因爲志趣不同而割蓆絕交，那絕不是眞正的朋友！眞正的朋友，就要懂得包容、懂得原諒、懂得友情之得來不易。

眞正的朋友是，不管你做錯了什麼，他仍然把你當成朋友的人。

體貼，就是替別搭下台階

多替別人想一想，也就等於多替自己想一想；為別人搭一塊台階，不也是為自己添了一塊墊腳石？

幽默是二十一世紀的致勝利器。但是，偷偷告訴你，還有一個東西比幽默更有用……那就是體貼。

宋神宗時，王安石擔任宰相，由於個性大而化之，無論生活或行事，經常不拘小節，因而鬧了不少笑話。

一次，他在皇帝面前啟奏時，竟然有一隻不怕死的虱子不知道從什麼地方

冒出來，在他的鬍鬚中鑽來鑽去，引得皇帝瞪大了眼睛猛看。

左右文武大臣隨著皇帝的視線，也都看見了這奇特的狀況，只是沒有當面說破。退朝以後，王安石不解地問同僚：「剛才在朝廷上，皇上注意了我好幾次，這是為什麼？」

大夥兒一聽，紛紛捧腹大笑，等到笑夠了以後，才對王安石說出其中原委。王安石恍然大悟，伸手往自己的鬍子一抓，這才抓出了肇事的元兇，隨即作勢要將牠捏死。

一位同僚看了，趕忙攔住說：「千萬不要把牠弄死，這隻虱子不但沒有做錯什麼，反而有功當賞啊！」

王安石聽得一頭霧水，這位同僚於是又搖頭晃腦地解釋說：「這是當代的一隻名虱啊，牠三番四次地遨遊在宰相的鬍鬚之間，又一再受皇上注目親覽，就憑牠的奇特經歷，你怎麼能夠殺牠？若硬要懲處牠的膽大妄為，依我看，不如就把牠驅逐出宮吧。」

這番話逗得一行人哈哈大笑，也因而救回了這隻蝨子的一條小命。

幽默可以解圍，幽默同時也可以幫助你達成目的。

想想看，若是這名官員直接勸戒王安石「上天有好生之德」，或是當著大家的面哀求王安石手下留情，不就直接突顯出王安石的殘忍不仁了嗎？就算王安石從善如流，立刻放下屠刀，立地成佛，日後見了這位同僚，想必再也擠不出笑臉來了吧！

你看看，多替別人想一想，也就等於多替自己想一想；爲別人搭一塊台階，不也是爲自己添了一塊墊腳石？

如果幽默對你來說是一門太過高深的藝術，那麼從現在起，你可以試著改變方式，不需想著該如何逗人發笑，只需學習要怎麼去站在別人的立場替別人著想。體貼和幽默一樣好用，甚至比幽默更能夠令人會心一笑！

先尊重自己，別人才會尊重你

人首先要尊重自己，才能贏得別人的尊重。如果一個人不能夠認清自己的價值，不能夠拿捏分寸，那麼必定惹來禍端。

通常，會賣弄聰明的有兩種人：一種是因聰明而獲得好處的人，另外一種，是還不夠聰明的人。

明朝嘉靖年間，有一位四川籍的御史，由於人品和能力都高人一等，非常受到皇帝的喜愛。

皇帝身邊的太監見狀，覺得有些不是滋味，想要設法嘲弄一下這位御史。

於是，他故意將一隻老鼠五花大綁，拿到御史面前，對御史說：「這隻可惡的老鼠咬壞了我的衣服，請御史大人給牠治罪。」

太監心想，若御史判這隻老鼠重罪，他便可以指責他殘忍無道，若御史只判給這隻老鼠輕微的罪責，他又可以說他藐視律法、縱容犯罪；無論御史怎麼判，太監都有話柄可說。

只見御史皺皺眉頭，又清清嗓子，一副深思熟慮、十分為難的樣子。最後，他重重地嘆了一口氣，宣佈道：「雖然這隻老鼠犯的是每隻老鼠都會犯的罪，可牠誰的衣服不咬，偏偏選太監大人的衣服去咬，實在可惡！若判牠笞杖，未免太輕，若判牠絞刑，卻又太重；我想，不如就折衷一點，判牠腐刑，把牠閹割了吧！」

太監聽得臉上一陣紅一陣青，自討沒趣卻又無話可說，不得不佩服這位御史的聰明才智。

人生的福氣與災難，其實大多掌握在人自己的手上。

有位哲人寫下這段名言：「不自重者取辱，不自律者招禍，不自滿者受益，不自是者博學。」

意思是說，人必自辱而後人辱之，一個人首先要尊重自己，才能贏得別人的尊重。如果一個人不能夠認清自己的價值，不能夠拿捏分寸，那麼必定惹來禍端，後患無窮。在鞏固了自信的人格之後，還要懂得謙遜，才能持續成長；只有體認到自己有多麼渺小的人，才能走到最遙遠的那一端。

這段話實在說得好！想必讀懂它的人，也一定能夠活得好。

罵人，要罵得對方啞口無言

罵人的最高境界，並非要罵到別人聽不下去，而是要罵到對方氣得牙癢癢的，卻又啞口無言。

一天，德國大文學家歌德在公園的羊腸小徑上，巧遇曾經公開批評他的文學評論家。冤家路窄，對方非但沒有一點要讓路的意思，還故意向歌德挑釁說：

「我從來不讓路給蠢貨！」

歌德聽了，面不改色地說：「我正好相反。」說完，便很客氣地退到路邊，讓路給對方。

蘇東坡和司馬光同為宋朝名臣。一天，兩人在議論政事的時候，司馬光的說法恰好與蘇東坡的想法相反，於是，蘇東坡說：「您的這番議論，像極了烏龜互相踢腳。」

司馬光不明白他的意思，問道：「烏龜怎麼能踢腳？」

蘇東坡笑了笑說：「所以我才說您是烏龜踢腳。」

德國猶太裔詩人海涅，在某一個場合中被一名反猶太的旅行家當眾諷刺道：「我發現了一個小島，那座島上居然沒有猶太人跟狗！」

海涅一點也不覺得受到侮辱，反而輕鬆地笑著說：「這個問題很容易解決，你和我一起到那座小島就可以了。」

嚴格說起來，反唇相譏也是幽默的作用力之一，通常出現在遭受別人惡意攻擊下，當事人以機智的語言進行反擊。

這時候所說的話語，必須充分運用聰明才智與說話技巧，使對方聽了啼笑

皆非而又無話可說，無法繼續囂狂。

罵髒話，別人永遠都可以回應更髒的話；能夠罵人不帶髒字，才能罵到人的心坎，令對方自慚形穢。

一旦兩造開罵了，就不要只是比髒、比狠、比毒，更要比智慧、比學問、比罵人的手段。

罵人的最高境界，並非要罵到別人聽不下去，而是要罵到對方氣得牙癢癢的，卻又啞口無言。

接受批評才能漸入佳境

批評是進步的重要動力，人一定要先知道自己到底哪裡不好，才有辦法漸入佳境，把自己變得更好。

別人批評你，你當然可以生氣，可以喊冤，可以死不承認，但是，你千萬不可以不相信他所說的話。

因爲，你可以堵住所有人的嘴，卻沒有辦法蒙蔽每個人的雙眼。

有一家賣酒的店鋪，一向以自家的釀酒技術為傲。豈知，現在的人真不識貨，上門來的客人十個有十一個都嫌酒酸。

店主人不勝其擾，擔心壞名聲一旦傳了出去，店裡的經營狀況會每況愈下。為了堵住悠悠之口，他在門上寫了一道荒唐的規矩：凡是來本店買酒，如果膽敢說酒酸，就會被綁在柱子上以示懲罰。

這條規矩還不只是用來嚇唬人而已，店家財大勢大，自然也是說到做到。不久之後，某個前來買酒的人誠實地向店主抱怨酒有一點酸味，便馬上被五花大綁，倒立著綁在柱子上。

正好這個時候，一位道士經過這家酒店，看見那個被綁的可憐人，立刻仗義執言，質問店主是怎麼一回事。

只見店主振振有詞地回答說，「這不要臉的傢伙污衊我的酒，謊稱我的酒酸，所以我不得不給他一點顏色看看。」

「喔？真有這種事嗎？」道士挑了挑眉毛，說道：「這樣好了，你拿杯酒來讓我嘗嘗，看看他到底有沒有說謊。」

店主人連忙親自奉上一杯酒。

道士把酒一口灌進嘴裡，誰知道這杯酒竟然酸得面頰抽搐，連眼睛都快要

睜不開了。

「如何？這酒的滋味究竟如何？」站在一旁虎視眈眈的店主人連連追問，急欲知道道士的答案。

道士看了看那位被綁在柱子上的受害者，又看了看手上空了的酒杯，擔心說實話會有相同的悲慘下場，於是腦筋一轉，語帶詼諧地說：「我看，您弄錯了。您剛才給我喝的不是酒，而是醋吧！」

西班牙作家巴爾德斯在他的著作《修女聖蘇爾皮西奧》裡如此寫道：「不要光聽好聽的，因為蜜糖使人討厭，香料使人暈眩。你聽我說：辱罵我一分鐘，勝過於阿諛奉承我三個月。」

別人對你的缺失實話實說，可能會在短時間內傷了你的自尊，但是，至少比用謊言長期欺騙你要來得好。

學美術的人都知道，對於藝術作品，正面的評價比負面的評價好，負面的評價則比沒有評價好。

負面的批評或許令人不快，卻往往是最中肯的建議。

別人願意浪費唇舌批評我們，我們不但不應該記恨，反而應該要多加吸收，作爲改進的參考。畢竟，改進得越徹底，我們就越進步，眞正獲得好處的不是那些批評的人，而是我們自己。

批評是進步的重要動力，人一定要先知道自己到底哪裡不好，才有辦法漸入佳境，把自己變得更好。

想得太嚴重，人生就會很沉重

一個人過得快不快樂與他的人生際遇無關，而與他對人生的態度有關。人要有承擔責任的勇氣，但是也要有讓自己放鬆的能力。

用輕鬆的態度面對人生，大事可以變成小事，壞事也可以變成好事。我們又怎麼能不好好地善用「輕鬆」的奧妙呢？

舉個例子來說，清末民初的時候，朱瓘正代理上海租界會審事。一天，巡捕房押來一個犯人給朱瓘審問。朱瓘一問之下，得知這個人因為偷洋人的東西而被捕，非常生氣地說：「底下的人可知道自己犯的是什麼罪？

中國人有那麼多東西你不偷，偏偏去偷外國人的東西，真是丟臉丟到國外去了，我就是想輕饒你也沒有辦法！」

又有一次，上海的某一處失火。趕到現場協助的警察看到一個人偷偷摸摸地扛著一只箱子從失火的人家跑出來，懷疑他是趁火打劫，便當場把他抓起來，送交朱璜審問。

朱璜一向最恨別人火上加油，還沒有開始審問，便下令左右狠狠責打。打完之後，才追問這只箱子是從何處搶來的。

那名被打的人痛得趴在地上，滿腹委屈地說：「大人明察啊，這真的是我自己的東西。不信的話，我可以現在就告訴你箱子裡面裝的是什麼。」

朱璜於是下令開箱檢驗，發現那個人果然句句屬實。朱璜知道自己冤枉了好人，這下子糗大了，只好乾笑著說：「兄台，你別怪我打你，我這是想替你打掉一點晦氣啊！」

輕鬆是人生的潤滑劑。走在人生的道路上，當你遇到瓶頸，覺得自己快要

撐不下去時，不妨像朱璜一樣厚著臉皮，換個輕鬆一點的想法，很快地，你就會發現，自己又跨過了。

凡事想得太嚴重，人生就會變得很沉重。事實上，人生就像翻報紙，今天的新聞會是明天的舊聞，明天的舊聞到了後天，人們早已不問不聞。

一個人肩膀上的擔子，經常都是自己主動挑起來的，換言之，能夠使你放下擔子的，也只有你自己。

一個人過得快不快樂與他的人生際遇無關，而與他對人生的態度有關。套句達賴喇嘛說過的話：「能解決的事，不必去擔心；不能解決的事，擔心也沒用。」人要有承擔責任的勇氣，但是也要有讓自己放鬆的能力。

5.
PART

言語溫和
勝過尖銳指責

人際相處，
不可避免會有一些不愉快的事情發生，
面對這種情況，要少些批評、多些理解，
讓自己的溝通能力更上一層樓。

何必板著臉孔教訓別人？

採用幽默的語言點醒，以半開玩笑的方法指出對方的謬誤，效果往往比板著面孔教訓人更好。

想改變對方的想法或做法，必須懂得適時說些機智風趣的話，不能動不動就出口成「髒」。與別人意見相左的時候，也千萬不能當眾咆哮，一副沒知識、沒水準的大老粗模樣。

有一回，德國派代表和美、英、法三國就安全條約草案及補充條款進行談判，由於事關重大，過程進行得緩慢且艱苦。

某天，在持續好幾個小時的談判後，年過七十的德國總統阿登納因過於疲勞而提前退席，在場的美國代表羅伯特．鮑伊也感到十分疲倦，於是對德國代表格雷韋說自己不想再談，希望今天到此為止。

格雷韋並不願意中止談判，卻沒有直言相拒，而是低聲用拉丁文說了一句諺語：「允許宙斯做的，不一定允許牛做。」

在場的人聽了這句話，全都禁不住大笑起來，因為拉丁文中「牛」的發音正巧和鮑伊的名字相同。

笑聲成功驅走了疲倦，提振了氣氛，使談判得以繼續。

格雷韋用一語雙關的諺語，既表達自己的立場，也趁機調侃對手，可以說是「罵人不帶髒字」的精采表現。

王安石當宰相後推行新政，於天下大興農田水利，卻常常不顧實際情況，任意行事，以致勞民傷財。一天，劉貢父前去拜訪，正好碰上有人和王安石談

農田水利建設之事，只聽見那人說：「梁山泊的面積很大，要是把水排淨，可得八百里良田，多好啊！」

王安石聽了這話非常高興，連連點頭道：「這辦法相當不錯，可是排出來的水要放在哪裡呢？」

劉貢父在一旁聽了，感到非常可笑，忍不住開口說：「乾脆在它旁邊再挖一個長八百里的水窪吧！這樣就可以裝下了。」

王安石馬上酷悟，大笑說：「梁山泊的事，就別再說了吧！」

故事中，劉貢父沒有直接指出對方的荒謬，而是採用幽默的語言點醒，讓王安石在哈哈大笑中認識到自己此舉的愚笨。

由此可見，在談話中以半開玩笑的方法指出對方的謬誤，效果往往比板著面孔教訓人更好。

想罵人，一定得多動腦筋

細心研讀說話的各種技巧，掌握對方的心思後加以靈活應用，正面運用會使你更迅速擄獲人心，負面運用則可以更順利達成自己的目的。

想要用風趣的方式表達罵人的意思，就必須多動腦筋，學習「水平思考」的罵人藝術，口中說的盡是讚美的話，但是效果比髒話還要惡毒，讓人氣得牙癢癢，卻又莫可奈何。

「水平思考法」由心理學家耶脫瓦特．波諾博士提出，他並創造一種新鮮的觀念，稱爲「意識上可倒置事物的關係」。

確實如此，換個思維方式，往往可以把人損得啞口無言。

英國大文豪蕭伯納留給世人許多俏皮、機智，又極爲幽默的名言。

以下就是一則極富幽默的笑話，可以看出蕭伯納由於應用了「水平思考法」，所以在對話中佔得優勢。

有一位演技差勁但美色出眾的女伶，自視頗高，平時生活在眾星拱月的環境當中，高傲嬌貴，一點也不將別人放在眼裡。

然而，她非常仰慕蕭伯納的才華。

某次宴會中，女伶和蕭伯納巧遇，她自信十足，展現出最迷人的笑容和語調，向蕭伯納說：「如果以我的美貌，加上你的才華，生下來的孩子，必定是社會中最優秀的頂尖人物！」

這位大文豪立刻還以顏色，毫不遲疑地回答：「如果這個孩子集了我的容貌和妳的才能，那將會是什麼樣子呢？」

頓時，這位女伶猶如被當頭潑下一桶冷水，只能愣愣地盯著這位大文豪，張口結舌，說不出第二句話。

蕭伯納以高度的機智抑挫了對方的狂妄，運用倒置順序的言語技巧，使對方的高傲發揮不了作用，可說是「罵人不帶髒字」的高手。

「狗咬人不是新聞，人咬狗才是新聞。」

這是執筆寫花邊新聞的記者們慣用的花招，把「狗咬人」這句再普通不過話當中的賓主易位，以成功挑起讀者的好奇心，讓一件平凡小事成爲人人爭看、有價值的大新聞。

日常生活中，許多說慣了的寒暄應酬話，想必讓自己和對方都感到相當厭膩，不如試著變動這些話的主語、受詞的位置，也許能夠產生新奇的效果，讓對方留下深刻的印象。

想用幽默的心情面對讓人抓狂的事情，就得從小地方開始。

細心研讀說話的各種技巧，掌握對方的心思後加以靈活應用，正面運用會使你更迅速擄獲人心，負面運用則可以更順利達成自己的目的。

用幽默的語言澆滅對方的氣焰

面對錯綜複雜的人際關係，幽默風趣的談吐無疑是不可或缺的潤滑劑、興奮劑，甚至是消炎劑。

罵人需要一些幽默感，透過唇槍舌劍損人於無形，最忌心浮氣躁，指著對方的鼻子說出滿口髒話。

最高明的罵人方式就是不帶任何髒字，但所說的話卻比髒話還要毒辣，以下就是兩位罵人高手的精采過招。

有一回，前蘇聯與美國進行一場重要的政治談判，地點選在克里姆林宮。

談判開始之前，美國國家安全事務顧問季辛吉故意問：「我是該對著花瓶講話，還是要對著吊燈講話呢？」意在暗示到處裝有竊聽器。

前蘇聯外長葛羅米柯自然不甘示弱，馬上抬起頭，望著克里姆林宮大廳頂部一座半裸的浮雕女郎，回答道：「你對著它講吧！」藉以諷刺季辛吉的「風流」形象，反駁他的攻擊。

幽默的神奇功用之一，就在於讓對方愉快地承認自身觀點的謬誤。

幽默和諷刺正是一對孿生兄弟，將兩者結合起來駁斥謬論，揭露惡行，一般可以取得較好的效果。

在一座機場的大廳裡，許多旅客正秩序井然地排隊購買飛機票，此時，一個衣著講究、打扮成紳士模樣的男人闖到隊伍前面，指責售票人員效率太低，耽誤了他的寶貴時間，甚至擺出唯我獨尊的驕傲神情咆哮說：「還不快一點！你知道我是誰嗎？」

售票人員只平靜地看了他一眼，然後大聲對周圍的人說：「這位先生有些健忘，你們有誰可以提供幫助嗎？他忘掉自己是誰了。」在哄堂大笑聲中，原先盛氣凌人的男人馬上漲紅了臉，尷尬地回到隊伍後方去了。

面對無禮挑釁，售票人員能保持鎮定，巧妙地曲解原話，不著痕跡地嘲諷了那位「紳士」自私自利的行爲，打擊了不可一世的囂張氣焰，相當高明。這不僅是四兩撥千斤功力的絕妙展現，更展現了「罵人不帶髒字」的威力。

語出機敏、幽默風趣的風格最受人歡迎，能做到亦莊亦諧。面對錯綜複雜的人際關係，幽默風趣的談吐無疑是不可或缺的潤滑劑、興奮劑，甚至是消炎劑。若運用得當，能有效調節氣氛、放鬆心情、打破僵局、化解對立，讓雙方在輕鬆愉快的狀態下交流思想與資訊，求得共識。

抓準心理漏洞，交涉更能成功

在心理上出現漏洞時趁機爭取利益，不失為一個好方法，讓對方無話可說，即使有怨也無處訴。

當你開口說話，逗得對方樂在心裡、笑在口裡的時候，忽然話鋒一轉，頂他幾句，無論是脾氣再怎麼莽撞、暴烈的人，也無法立刻還以顏色，因爲他的笑容都還掛在臉上，很難立刻收起來。

因此，如果要藉著語言達到某種目的，就必須先讓對方高興，最好到失態程度，接著再捕捉最恰當的時機，藉「語言」迫他贊成、同意或投降。

類似的運用，在商場最常見，例如以下實例：

一個表演團的代表要到某家酒店進行交涉，因為這家酒店的經理非常精明，答應支付的報酬太過低廉，必將讓表演團入不敷出。

但是礙於情面，表演團代表又很難拒絕對方，原來這位經理曾經在表演團發生財務困境的時候予以周轉。

該怎麼辦才好呢？

經過一整晚的思考，表演團代表終於想出一個好方法。

隔天餐宴上，她絕口不提酬勞的事，只是陪著酒店經理抽煙、聊天、說話，引得經理開懷大笑，然後代表主動說：「我們表演團的全體同仁，可以為您和貴店虧本演出。」

經理聽了這句話，更樂得眉開眼笑，呵呵的笑聲怎麼也止不住，想不到這位代表突然把臉色一沉，非常鄭重且嚴肅地說：「什麼！這有什麼可笑的？你把我當傻瓜，以為我真的是那種人嗎？好！你這個鐵公雞，我已經認清了。對不起，這次演出就此取消。」

接著她裝出憤而離席的樣子，讓那位笑容還掛在臉上的經理大為恐慌，只得一把將她拉住，賠不是道：「千萬別這樣，有話好說、有話好說，關於報酬，我們可以從長計議。」

這個代表眞是位「最佳演員」，演出的效果好極了。於是雙方重訂合約，照舊演出，表演團終於獲得應有的利益。

罵人不是好事，但有些時候，不把心中的不平之氣宣洩出來，卻又對不起自己。這種時候，就要發揮罵人的藝術，給對方一點顏色瞧瞧。

利用對方在心理上出現漏洞，趁機爭取利益，不失爲一個好方法，巧妙使用這一招通常都能成功，讓對方無話可說，即使有怨也無處訴。

為明天留一點轉圜空間

不要逞一時之勇，也不要強出一口氣。一點點委屈是人生必經的考驗，你可以把人生磨練得更柔軟、更圓融。

凡事太盡，緣分早盡。經常把事情做絕，不留轉圜餘地的人，往往最後留給自己也會是一條絕路。

風水輪流轉，地球是圓的。今天你寬容的去對待別人，也就等於寬容地去對待明天的自己。

一名大官久聞書法家王百谷的名號，決定親身前去會一會其人。當大官到

達時，王百谷正在寫字，未能遠迎，也沒來得及與大官寒暄。

這名大官一向高高在上，習慣了人們對他的逢迎巴結，從來只有他讓人等的份，哪有人家讓他等的道理！

一怒之下，他便指著王百谷的字大罵：「你以為你寫的字真的很好嗎？哼！我告訴你，對我來說，它只不過像糞便一般而已！」

說完，大官便氣沖沖地離開王百谷的家了。

沒過多久，這名大官要送禮，由於送禮的對象素來仰慕王百谷，因此，大官想請王百谷在禮物上替他題幾個字，卻又礙於面子，不好意思當面向王百谷開口，只好命令僕人去求。

王百谷聽了來人的請求，沒有端架子，也沒有伺機報仇，一句話也不說，默默地提起筆來就寫。

寫完了以後，他交代僕人說：「你把字交給你家主人時，別忘了告訴他，你挑了幾石糞便回來了。」

撕破臉看似瀟灑，也看似容易，但是你要知道，你撕裂的不只是彼此之間的情誼，更是你們未來種種發展的可能。沒有人知道明天會發生什麼事情，那麼你又怎麼可以不爲明天多做一點準備，多留一條後路呢？

因此，不要逞一時之勇，也不要強出一口氣。

一點點委屈是人生必經的考驗，但也正因爲這一點點的委屈，你可以把人生磨練得更柔軟、更圓融。

話說得太快，只會帶來災害

說出去的話就像潑出去的水一樣，你可能會淋濕別人，也很可能會淋濕自己。

說話說得恰到好處，可以廣結善緣，但若說話的時機不對，就很可能變成「狗嘴吐不出象牙」。

因此，我們在學習如何罵人不帶髒字之時，也應該時時警惕自己，說話不要說得太快。就算習慣了快人快語，頭腦運轉的速度也要比說話的速度更快。

一天，有個人到市場上買馬。

賣馬的人對買主說：「我這匹馬訓練有素，只要你說聲『感謝上帝』，牠馬上就會向前奔跑；如果說聲『阿門』，牠就會立刻停下來。你要記住這兩句話，千萬不要弄錯啊！」

買主聽了，不以為然地笑說：「那是你們這些門外漢的無稽之談吧！我養馬的經驗很豐富，相信我即使不說這兩句話，馬也會聽我的！」

說完，買主立刻付了錢，騎上馬背朝馬的肚子用力地踢了一腳。

馬受到刺激，瘋狂地往前飛馳，而且越跑越快。買主連忙大喊：「停！停！」只是，馬根本不理不睬，反而益發拼命地向懸崖奔去。

在這危急萬分的時刻，買主想起了賣馬人的話，只好照著他的叮嚀，放聲大叫：「阿門！阿門！」

此話一出，果然奏效，馬發出一聲長嘶，停下腳步。此時，他們距離懸崖的邊緣只剩不到一公分而已。買主看著懸崖底下的萬丈深淵，不禁鬆了一口氣，擦擦額頭上的冷汗，驚魂未定地脫口而出說：「感謝上帝！」

沒想到話還沒講完，馬就載著他摔下懸崖。

講話不經大腦，結果就是這樣！

人們常常因爲自己無意識的一句話得罪或傷害了別人而不自知。

英國首相邱吉爾過八十歲生日時，有一位應邀參加宴會的記者諂媚地說：「邱吉爾先生，我非常榮幸今天能來參加您的八十歲生日壽宴，希望將來我還能再來參加您九十歲的生日宴會。」

邱吉爾幽默地回答道：「我看你身體挺健康的，應該不致於無法參加我的九十歲生日宴會。」

這位記者原本是一番好意，但卻因爲用字遣詞不當，反而引起對方的不悅，想拍馬屁卻慘遭馬踢。因此，把話說出口之前，一定要經過再三思考。話說太快只會帶來災害，說出去的話就像潑出去的水一樣，你可能會淋濕別人，也很可能會淋濕自己。

言語溫和勝過尖銳指責

人際相處，不可避免會有一些不愉快的事情發生，面對這種情況，要少些批評、多些理解，讓自己的溝通能力更上一層樓。

每個人都有失誤的時候，因此不可過度苛求。

批評他人，應講究說話的技巧，不能用譏諷、挖苦的態度應對，傷害對方的自尊心。以平和、溫和的態度去面對你的批評對象，剔除主觀成分，將表情、態度、聲調加入到客觀的批評話語中，會產生較積極的效果。

對方有了缺點或犯下錯誤，如果一味橫加批評、講刺傷別人的話，或苛刻數落，例如：「你辦得怎麼這麼糟？」「做事爲什麼這樣不細心？你這樣對得起我嗎？」等等，絕對不妥當。

除了爛人之外，絕大多數人做錯事，內心會展開反省，覺得抱歉、恐慌、不知所措，此時如果再加以嚴厲批評指責，他極可能會因此感到羞愧難過。

因此，不妨換一種語氣，以取得較好的效果。

你可以這麼說：「以後做事，自己可要多加注意了。」或者：「我想，下次你一定不會再犯類似的錯誤。」

如此一來，對方不僅會感激你對他的信任，同時會感受到你付出的真誠，更重要的是有了改正錯誤的信心。

美國空軍有一位著名的飛行員，經常參加飛行表演。

有一次，他在聖地牙哥舉行表演後，返回洛杉磯駐地途中，飛機引擎突然熄火。雖然他憑著熟練的技術成功迫降，保住了性命，但飛機本身因此遭到嚴重損壞。檢查結果，發現是燃料添加上出了問題。

回到機場後，他立刻找上了為座機服務的機械師。

對方是個年輕人，正為因疏忽犯下的過失感到苦惱，深深自責，因為自己不僅毀了一架造價非常昂貴的戰機，更差點使機上三人送了命。

但是，出乎意料的事情發生了——飛行員沒有怒氣衝衝地批評、指責這位機械師的失誤，而是上前摟著他的肩膀說：「為了表明我堅信你不會再這樣做，希望你以後繼續為我提供優質服務，如何？」

後來，這位機械師不但沒有再犯錯誤，而且表現得更加出色。

針鋒相對並不是最好的策略，倒不如以溫和的態度傳達自己的意思。

試想，如果當時飛行員劈頭蓋臉就給這位機械師一頓諷刺打擊，或是嚴厲的批評，不僅會大大地傷害對方的自尊心，還會使他變得更沮喪、自卑、畏首畏尾，甚至放棄本來可以做得很好的工作，也放棄了整個人生。

人與人相處，不可避免會有一些不愉快的事情發生，面對這種情況，要慎用辭令，巧於交際，少些批評、多些理解，如此才能讓自己的溝通能力更上一層樓，更受人歡迎。

違背預料往往能收意外功效

想要強力克制自己處於興奮、衝動、極度緊張時的言行舉止，是一件很不容易的事，但這種功夫往往能使對手極度不安。

根據資深警員們多年經驗得出的看法，被害者在面對竊賊時都有一種共同心理，就是恐懼被殺害。

逃走、呼救正是一般人遭受盜竊時的共同反應，盜竊者對於這種現象也有了防備的措施，料定被害人一定會驚嚇不已。如果狀況正好相反，對方不僅不逃走也不呼救，反而會令竊賊深感不安。

有一次，日本女作家曾野綾子的住宅被侵入，好幾名歹徒闖進臥室。曾野綾子雖然非常害怕，但強自壓抑恐懼，鎮定地說：「帶走你們要拿的東西，然後滾蛋！」

歹徒們聽了這番話，不禁大吃一驚，誤以為她早有安排，於是什麼也不敢拿，慌慌張張地逃之夭夭。

對大多數人來說，想要強力克制自己處於興奮、衝動、極度緊張時的言行舉止，實在是一件很不容易的事，但這種功夫往往能使對手極度不安。

日本幕府時代末，江戶重臣勝海舟之所以能安然容於亂世，據說也是仰賴對此種心理要訣的運用。

有一則關於他的故事，日本人無不耳熟能詳。

一天，勝海舟在京都四條通散步，未料有一位蒙面刺客在蔭蔽處鵠候多時，一見勝海舟走近，立刻跳出來，用手槍指著他的胸口。

因力主開拓疆土，勝海舟在當時樹立不少政敵，如果被這位蒙面刺客槍殺身亡，便無人率領船隊到美國，不但近代文明無從輸入，開國更是無望。

勝海舟很快反應過來，隨即了解這是怎麼回事，不慌不忙、滿不在乎地說：「別害怕，喏！瞄準這兒。開槍吧！老兄，請！」

勝海舟一面說著，還一面猛拍自己的胸脯。刺客看他愈走愈近，竟然嚇得立刻丟下了槍，轉身就跑。

實際上，任何人碰到上述情況，很難不恐懼。遇到刺客的勝海舟當然不是不害怕，但他控制得了自己的情緒，這就是高明的地方。

罵人的藝術也是如此，要懂得逆向操作，在極端盛怒、不可理喻的時候，加以讚揚；在不可一世、趾高氣昂時，澆下一盆冷水，這比責罵更能夠使對方深感意外，而收到良好效果。

這種罵人技巧一向爲領導階層慣用，但即使是日常人際相處，也不妨找機會試試看，相信同樣能收得意想不到的妙效。

為人文雅，偶爾也可以說粗話

以粗話發洩心中「罪惡感情」，能夠有效降低心理上的負荷，排除鬱悶，使犯罪行為減低。

一般人都有一種想法，就是不可說粗話，就算想要罵人，也不可以「出口成髒」。但這種想法眞是「完全正確」的嗎？

心理學家認爲，那些積存在心中的負面情緒應該設法紓解，而不是一味壓抑，萬一壓抑不住，就會像火山爆發。偶爾說說髒話也是一種紓壓的方法，但是，要記住，不要用髒話傷害別人。

法國知名小說家佐拉，在名作《酒店》中，有一段描寫兩名巴黎洗衣婦吵得面紅耳赤的場面：

「到那邊去！騷貨，別在這裡坐冷板凳了！」

「臭三八！妳還算是人嗎？撒泡尿自己照照吧！」

「妳這渾身騷味的狐狸精！下三濫！」

「說我？妳還是趕緊洗洗臉、刷刷牙，今晚到貝姆街街角去拉客吧！」

無論是誰，在爭論中聽見類似的言語，相信必會忍無可忍。

有時候，當你承受難以忍受的汙辱，或是內心感到分外壓抑時，不妨破例罵個一兩句粗話。

低水準的咒罵往往是戰勝對手的絕技，但必須謹慎使用。

在氣頭上說出來的難聽話，覆水難收，很難再和對方復交，因此，除非一開始就抱定未來將互不往來的念頭，否則不應輕易使用。

當然，無論從任何方面來說，使用此法確實應仔細衡量狀況，尤其必須避免觸及以下三點：

一、生理上缺點：胖、矮、瘸、聾、醜等。

二、身份上的卑賤：乞丐、私生子、拖油瓶、妓女等。

三、能力上的低差：白癡、性冷感、呆子、騙子等。

任何人或多或少都有自卑感，你所講的話離自卑感的核心越遠，就越不容易挑起怒火，反之，則越容易成爲點燃爭吵的導火線。

一旦觸碰到上述三點任何一方面，理智的判斷會立刻消失，代之而起的是一種動物性的原始防衛本能。

有人說，絕對不可傷了別人的自尊心，就是這個道理。

罵一句粗話，確實可以幫助發洩心中的諸多不滿，疏解鬱積的情緒。

我們當然不鼓勵說粗話，但是在必要時，仍可權衡輕重，適時使用。若是聽見別人用到了它們，也要能敞開心胸接受。

不堪入耳的粗話諸如「三字經」等等，文雅守禮的人，於正常的人際關係當中，最忌使用，體面的紳士淑女們更不好意思說出口。

但是在美國紐澤西州的監獄裡，不但不禁止，反而牽先倡導使用。

以粗話發洩鬱積在心中「罪惡感情」，能夠有效降低犯人心理上的負荷，透過這種另類的「淨化作用」，使曾在該監獄服刑的罪犯，「回獄」的比率降至百分之〇．七％。

這個方法也確實適用於一般人，當心中存有不滿和隔閡時，可以到人跡不至的地方，大罵幾句粗話，作爲犯罪行爲的代替，以排除心胸的鬱悶，並有效降低肇事可能性。莫怪乎曾有人如此主張，解決夫妻爭吵的好方法，是乾乾脆脆、痛痛快快地大吵一番，這完全符合上述的道理。

當然，夫妻爭吵時不需要使用粗話，但是爲了在爭吵時徹底消除彼此心中的不快，不妨彼此罵些壞話。

徹底將怒氣發洩出來之後，往往不一會兒就能完全平靜下來。只要牢記一個原則——不要傷了對方的自尊，不撕破臉，如此多半能收到排解負面情緒的效果。

我們絕不「鼓勵」罵髒話，但在發洩情緒的前提下，這的確是一種可以有效達到目的的方法，可斟酌採用。

6. PART

罵人，一定要拿捏分寸

諷刺像一把雙刃劍，
可以使你受益，也可以使你受損。
用得恰當，它是利器，
用之不當，便會惹事生非。

罵人，一定要拿捏分寸

諷刺像一把雙刃劍，可以使你受益，也可以使你受損。用得恰當，它是利器，用之不當，便會惹事生非。

譏諷，在交際性的語言當中，是一種有較大刺激作用和感情色彩的表達方式，效果非常強烈。

譏諷性談吐具有含蓄、幽默、風趣、辛辣等特點，是一種「攻擊」語言。它透過比喻、誇張、反語等修辭手法，來表達說者的輕蔑、貶斥、否定的思想感情，能收到罵人不帶髒字、回擊挑釁等效果。

在交際場合中，人身攻擊之類的不愉快狀況在所難免，如果你不想吃啞巴

虧，譏諷將成爲最好的防身盾牌。反唇相譏是門技術，必須做到「藏中有露，露中有藏」，若盡藏則不知所云，若盡露則赤膊上陣，毫無學問。

蕭伯納的《茶花女》即將上演，他派人給邱吉爾送去兩張票，並附上一張短箋：「親愛的溫斯頓爵士，奉上戲票兩張，希望閣下能帶一位朋友前來觀看拙作《茶花女》的首場演出——假如閣下這樣的人也會有朋友的話。」

邱吉爾回信道：「親愛的蕭伯納先生，承蒙賜戲票兩張，十分感謝。我和我的朋友因為有約在先，不便分身前去觀看《茶花女》的首場演出，將改觀賞第二場——假如你的戲能演到第二場的話。」

一個嘲譏政治家只有對手，沒有朋友；一個反譏戲劇家的戲劇可能短命，不會長壽。譏中含趣，樂中有戲，相當高明。

對於生活中的蓄意挑釁，我們也可以運用譏嘲維護自己的尊嚴。

英國作家蕭伯納一次坐在沙發上沉思，他身邊的一位美國金融家說：「蕭伯納先生，如果您讓我知道您正在思考什麼的話，我願意給您一美元。」

「我的思考一美元也不值。」蕭伯納看了他一眼，這樣回答。

金融家一聽，感到很得意，沒料到蕭伯納話鋒一轉，又說：「我所思考的，其實正是你。」金融家本想戲弄蕭伯納的思考只值一美元，沒想到自討沒趣。

當然，諷刺要掌握分寸，不宜隨意使用，需要區別對象、場合。

諷譏之言，就動機來說，有善意與惡意之分。對敵人的諷刺要針鋒相對，不留情面；而對一般人的諷刺，則應是善意的，用意在於引起警覺，絕不是刻意出對方的洋相，藉以取樂。

進一步來看，不要以爲自己會諷刺，就到處挑戰，稍不如意就對別人挖苦譏笑，惡語中傷。這樣不但會傷害別人的感情，使自己孤立，成爲衆矢之的。

諷刺像一把雙刃劍，可以使你受益，也可以使你受損。用得恰當，它是利器，用之不當，便會惹事生非。

過度指責，溝通更受挫折

過往的成功溝通經驗告訴我們：學會寬容和尊重，才能更和睦地與人相處，與人共享生活的點滴樂趣。

有的人只相信自己，不相信別人，讓人避而遠之；有的人總喜歡嚴厲地責備他人，使對方產生怨恨，不知不覺讓溝通難以進行，事情也辦得一團糟。這兩種待人處事的方式都不理想，因爲只有不夠聰明、不懂溝通的人，才動輒批評、指責和抱怨別人。

不妨檢討一下自己，是不是也有喜歡責備別人的毛病？

若身爲公司主管，分配下去的某件工作沒有做好，我們很可能不是積極地去尋找原因，研究對策，而是指責下屬：「你怎麼搞的？怎麼這麼笨？」

這種時候，下屬會有什麼反應？

他可能什麼也不說，但在內心會覺得你不近人情，從而導致怨恨產生。不快情緒日積月累，必會大大阻礙彼此的正向溝通互動。

有一則笑話是這樣說的：

這天，丈夫回到家，發現屋裡亂七八糟，到處是亂扔的玩具和衣服，廚房裡堆滿碗碟，桌上都是灰塵。

他覺得很奇怪，就問妻子：「發生什麼事了？」

妻子沒好氣地回答：「平日你一回到家，就皺著眉頭對我說：『這一整天妳都幹什麼了？』所以今天我就什麼都沒做。」

動不動就開口罵人，實在不是一種好習慣，會在傷害別人的同時也傷害自己，讓彼此都不好過。

接下來，讓我們看一些實際的例證：

一八六三年七月，蓋茨堡戰役展開。眼見敵方陷入了絕境，林肯下令要米地將軍立刻出擊。

然而，米地將軍遲疑不決，用盡各種藉口拒絕，結果讓敵軍順利逃跑了。林肯聞訊勃然大怒，立刻寫了一封信給米地將軍，以非常強烈的措辭表達了自己的極端不滿。

但出乎他人想像的是，這封信並沒有寄出去，林肯死後，人們在一堆文件中發現了這封信。

林肯爲什麼不將信寄出？這是相當值得深思的問題。

也許林肯設身處地設想了米地將軍抗命的原因，也許他預想了米地將軍見到信後可能產生的反應，可能會憤怒地爲自己辯解，也可能會在氣憤之下乾脆離開軍隊；無論哪一種，都對大局無益。

木已成舟，把信寄出，除了使自己一時痛快以外，還有什麼好處呢？答案是顯而易見的。

不要指責他人，並不代表放棄必要的批評，而是要抱著尊重他人的態度，以對方能夠接受的方式表達意見。

曾有一家工廠的老闆，一天巡視廠區，正巧看到幾個工人躲在庫房吸煙。庫房是全面禁煙的，但這位老闆沒有馬上怒氣衝衝地責備工人說：「你們難道不識字，沒有看見禁止吸煙的牌子嗎？」而是稍冷靜了一下，接著掏出自己的煙盒，拿出煙給工人們說：「試試這個牌子的煙吧！如果你們能到屋子外去抽，我會非常感謝的。」

工人們一聽全都感到相當不好意思，紛紛掐滅了手中的煙。

我們喜歡責備他人，常常是爲了表現自己的高明，有時也帶有推卸責任的目的。這都是不對的，古人講「但責己，不責人」，就是要我們謙虛一些，嚴

格要求自己一些，這只有好處，絕無壞處。

在想要責備別人的不是之前，請閉上嘴，對自己說：「看，壞毛病又來了！」這麼一個小動作，將可以幫助你逐漸改掉喜歡責備人的壞習慣。

尖銳的批評和攻擊，所得的效果必定是零，因爲你想指責或糾正的對象會爲自己辯解，甚至反過來攻擊你。

過往的成功溝通經驗告訴我們：學會寬容和尊重，才能更和睦地與人相處，與人共享生活的點滴樂趣。

適當的讚美助你事半功倍

當對方犯了錯誤，不要毫不留情的給予指責，最好的溝通方式是透過讚美先緩和關係，然後再給予適當責備。

人們受到責備時，多少會感到不痛快，因此必須謹慎行事。成功的指責是一種讚美，失敗的指責則正好相反，足以導致人際關係的動搖。

指出別人的錯誤，是對別人某項特質或某種行爲的否定，而否定又有輕重之別，應該針對犯錯者的個性採取區別對待，採用適當的方法分別指出。

如果你是公司老闆，見到員工在工作中出現失誤，你就應當講究指正方法，做到因人而異，使溝通發揮積極意義。

有的員工因爲本身個性的原因，常常缺乏幹勁，沒有主動性。對於他們的毛病，強硬指責往往無濟於事，因爲主動性必須從內心眞正激發出來，而非僅憑外在壓力。

對待他們，指責只能是隱晦的，更適當的方法是進行激勵，或儘量調整職務內容，把工作與他們的專長和興趣聯繫。

以激勵替代指責，如此的溝通方法還能使員工產生責任感，在這種溝通模式下，員工必然心服口服，因爲努力得到了承認，積極性也得到了肯定。

有些時候，你可能會碰上一些比較「特殊」的人，無論怎麼批評、怎麼指責，對方都只是聽之任之，我行我素，依然如故。

千萬不要因此動怒，事實上，還是有溝通的方法。

有位女經理，精明強幹，手下的一班幹將也都十分出色，但前不久一名助手因為遷居而調職，由一位剛畢業的大學生接任。

這位新來的女大學生，人長得漂亮，又很會打扮，專業能力也很強，但做

起事來馬馬虎虎，接手不久便出了不少狀況。

女經理一開始還忍著，認為一段時間之後會有改善，但事與願違，對方仍然是老樣子。非但如此，這個女孩把任何批評、責備都當耳邊風，讓人又氣又急，偏偏拿不出辦法。

有一天，那位女經理突然靈機一動，決定改變溝通方式——減少責備，把重點放在稱讚對方的優點上。

一天，這個女孩換上一身新衣，梳了時下較流行的髮型來上班。女經理一看，覺得機會來了，便馬上稱讚說：「這身衣服真不錯，再配上這個髮型，實在漂亮。要是妳工作起來也能一樣漂亮就好了！」

女孩聽了，臉一紅，馬上意會到經理話中有話。

沒想到這個辦法真靈驗了，不出幾天，那女孩的表現就好了很多，一個月後，表現出非常出色的工作成績。

日常生活中，我們免不了要批評別人，也免不了會遭人批評。批評不全然

是壞事，因爲人想要進步，就得虛心聽聽別人的建言，才能改善自己的盲點。可是，忠言逆耳，即使是最善意的批評，還是可能被認爲是在找麻煩。因此，想讓對方聽進自己的批評，就得多費點心思。

溝通的目的，在促進彼此理解，因此可以透過許多途徑進行，責備固然是一種，但最好少用。

要使對方理解自己的想法，可以從另一個角度出發，利用稱讚來使他們改掉毛病，進而達成目的，提高整體的工作效率。

當對方犯了錯誤，不要毫不留情的給予指責，最好的溝通方式是透過讚美先緩和關係，然後再給予適當責備。

氣氛越輕鬆，你越容易成功

與人溝通的一大竅門，就在於找出彼此都感興趣的話題，將距離拉近，如此將有效消除雙方的陌生感，活絡談話氣氛。

活在這個商業社會，要靠做生意賺錢，就免不了得與客戶打交道、進行交流，否則無從獲利。

既然彼此間有利益關係存在，更需要注意交流的方式。與客戶交流時，應力求語言簡明扼要，能準確抓住重點，使對方有興趣和耐心繼續聆聽。

除了語言簡明，說話得體也很重要，因爲不得體的語言容易造成尷尬的局

面，甚至傷人自尊。

爲了與客戶順利進行交流，一定要注意自己的語言表達方式。

在與客戶交流時，由於雙方關係可能存在對立或不夠熟悉，容易使談話陷入僵局。爲了有效避免這種狀況的出現，應當儘量製造輕鬆、和諧的談話氛圍。

事實上，雙方必定都希望能在輕鬆自如的氛圍下進行交流，可是，很多時候卻由於找不到共同的話題，無法打破僵局。

這時候，大可以拋開主題，另尋一些有趣的話題，如此既活躍了談話氣氛，又淡化了彼此的陌生感。

發生在自己身邊的一些小事物就是非常好的討論話題，越是與日常生活相關，越能引起共鳴，進而達到心靈上的溝通。

第一次世界大戰時，美國女權主義者南茜拜訪了英國首相邱吉爾。邱吉爾熱情地接待了她，但由於彼此相當陌生，一開始不知說些什麼好，氣氛自然顯

得有些沉悶、尷尬。

邱吉爾畢竟是老道的政治家，為了打破僵局，於是開始說起一些家常趣事。他說：「一次，我和妻子吵架，她兩天不與我說話，後來我實在憋不住了，就對她說：『你這樣對我，不如乾脆點，直接往我的咖啡裡放點毒藥！』」

南茜出神地聽著，被邱吉爾的描述吸引了注意力。

邱吉爾接著又說：「她聽我這麼說，頓時覺得自己的做法有點過分，因為我的過錯畢竟沒那麼嚴重，不至於到要喝下有毒咖啡的地步哪！」

說完，兩人都笑了，氣氛得到明顯的和緩。

幽默是語言的精華，想要建立良好的人際關係，或是改變對方的認知，成功地使事情朝自己期望的方向發展，非但不能口出髒話，更要用幽默的說話方式，把自己的意見滲透到別人的心裡。

與人溝通的一大竅門，就在於找出彼此都感興趣的話題，將距離拉近，如此將有效消除雙方的陌生感，活絡談話氣氛，提高溝通成功的可能性。

無法說「不」就是最有力的說服

既然要說服一個人，就要讓他從開始便無法反對，這是談判桌上最要緊的事。

你應該聽過蘇格拉底的大名，卻未必知道他是個高明的談判者。

古希臘哲學家蘇格拉底以論辯見長，創立的問答法至今還被世人公認爲「最聰明的勸誘法」，原則如下：與人談判時，不要在一開始便討論分歧的觀點，以免對方產生心理上的反感。應著重強調彼此共同的觀點，等到雙方觀點取得基本共識後，再自然地轉向自己的主張。

簡單歸納蘇格拉底勸誘法的做法和特點，就在於開之時便要讓對方連連說

「是」，一定不要讓對方說「不」。

某電器公司的營銷主管艾里森曾有如下經歷。

一次，他前往拜訪一家公司，企圖推銷一批新型電動機，沒想到抵達之後，對方的總工程師劈頭就說：「艾里森，你還指望我們會買你的電動機嗎？」

經過詢問，艾里森得知這家公司之所以表示不滿，是因為認為他們所生產的電動機發熱超過正常標準，品質大有問題。

他很清楚與對方總工程師強行爭辯沒有任何好處，腦筋一轉，決定採取蘇格拉底勸誘法進行說服。他刻意詢問總工程師：「先生，我能理解你的想法，也相當贊同。假如電動機發熱超過標準，非但不可能再買新的進來，還會希望連舊的也退回給原廠商，是吧？」

「是的。」

「當然，電動機在運轉過程中一定會發熱，但沒有人希望它的熱度超過規定的標準，是不是？」

「這當然。」總工程師又一次表示贊同。

衡量著已到時機，艾里森決定開始討論具體問題。他問道：「按標準，電動機的溫度可以比室溫高出華氏七十二度，是吧？」

「是的，但你們的產品溫度卻比這高得多，根本不能用手去摸。你說，這難道合乎標準嗎？」

由於掌握了足夠的事實，艾里森也不與他爭辯，只反問：「你們工廠車間的溫度多高呢？」

總工程師回答：「大約是華氏七十五度。」

艾里森一聽，興奮地拍著對方的肩膀說：「好極了！車間溫度是華氏七十五度，加上電動機應高出的華氏七十二度，約為華氏一百四十度左右。想想，若是把手放進華氏一百四十度的熱水裡，難道不會被燙傷？」

總工程師一聽，頓時愣在當場，無法再反駁。

艾里森接著說：「請您放心，高溫完全屬於正常現象，以後請千萬不要再用手去摸電動機了。」

談判至此結束，艾里森不僅成功說服對方，消除對產品的不正確偏見，還接著又談成一筆生意。

艾里森的致勝關鍵，就在於一開始所問的問題，都是談判對手所贊同的，憑藉一系列機智而巧妙的發問，獲得許多答案爲「是」的正面反應。

一旦開始說「是」，便會使整個談判情勢趨向於正面、肯定，並且使參與雙方的心理需要得到滿足，於輕鬆、和諧氣氛下繼續談判的進行。

相反的，說「不」字容易造成情緒對立，致使談判氣氛緊張。正如一位談判專家所說：「『不』字造成的反應是談判最難克服的障礙。一個人說『不』之後，即便馬上覺得自己錯了，自尊心也絕不允許他改變，只能一味堅持下去，導致氣氛越來越僵。」

透過以上經驗與事例，可以知道，既然要說服一個人，就要讓他從開始便無法反對，這是談判桌上最要緊的事。

笑臉迎人，勝算更多好幾分

溝通之時如果少了微笑，言語將顯得黯然無味，倘若少了和氣，交流也無法進行下去。

在商場上，和氣方能生財。

想要健全溝通，首先應試著用笑臉去面對合作夥伴、對手，如此一來，即便處於不利地位，也能夠扭轉乾坤。

有人天生脾氣好，走到哪裡都能笑臉迎人，與人溝通、交往的過程中，多半能佔便宜。由此可以知道，學會笑臉迎人，是一種難得且富智慧的謀略。

漢初劉邦去世後，匈奴單于趁機欲侵吞漢朝疆土，還寫了一封十分欺侮人的信給呂后，信上說：「妳最近死了老公，我也正好死了老婆，不如妳就帶著江山來跟我過吧！」

可想而知，呂后看了這封極盡侮辱能事的信，恨不得宰了匈奴單于。但她到底是一個厲害的角色，冷靜衡量了利害關係後，採取了微笑外交，順水推舟地回信說：「我老了，只怕不能侍候大可汗。不過，我們宮中年輕貌美的人倒有。」並送了一名宮女和番，輕描淡寫地避過一場毀滅性災難。

當時，呂后要是負氣動武，結果可想而知。事實上，早在八年前，劉邦便曾親率大軍征討匈奴，但一戰即敗，被困在山西定襄，差一點遭到活捉。劉邦尚且如此，更遑論呂后。

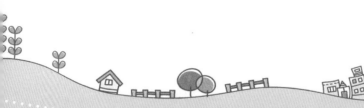

但硬的不行，軟的卻達到了目的。劉邦的戰爭策略失敗，呂后的微笑外交則確保了國家的平安。

以上例子說明，微笑外交是處於不利地位的弱者應採取的交際謀略，使人

們得到喘息空間，能於隱忍中求發展。

至於在一般情形下，微笑外交的主要作用，則在於製造良好的生存發展環境與氣氛。用微笑去對待每一個人，你將發現溝通變得比想像更容易。

微笑，不花費什麼，卻能創造出許多奇蹟。它豐富了那些接受它的人，而又不使給予的人蒙受損失；它產生於一剎那間，卻讓人留下永久的記憶；它創造人際關係的和諧和快樂，建立人與人之間的好感，它是疲倦者的避風港、沮喪者的興奮劑、悲哀者的陽光。

任何人都有幽默感，認爲自己不懂幽默的人，不過是把它深藏在無人知道的角落裡。跟別人在一起時，可以說說笑話，那樣有助於提升幽默感。但是，說的笑話必須愼選，萬萬不可是低級的笑話，或是尋別人開心的惡作劇，否則很有可能達到反效果。

溝通之時如果少了微笑，言語將顯得黯然無味，倘若少了和氣，交流也無法進行下去。將微笑與和氣融於溝通當中，就等於爲談話添加籌碼，爲獲利種下希望的種子，產生極大幫助。

不要用別人的缺點來懲罰自己

一個懂得反省自己的人，才有更多的籌碼去改變現狀，才有更多的能力去適應那些不能改變的事實。

俄國作家車爾尼雪夫斯基在《生活與美學》裡告訴我們：「既然太陽上也有黑點，那麼人世間的事情就更加不可能沒有缺陷。」

如果你相信改變別人比改變自己更難，那麼你一定也要相信，與其埋怨別人，不如埋怨自己。

盧公晚年喪偶，續絃娶了年輕貌美的祝氏為妻。然而，祝氏一直覺得盧公年齡與自己懸殊，樣貌也不甚匹配，絲毫不能滿足她對愛情的憧憬，所以終日鬱鬱寡歡、心有千千結。

盧公雖然年紀大了，但仍舊十分細心體貼，察覺到妻子的異狀，關心地問道：「娘子，自從妳嫁給我以後，我就不曾見過妳開懷的樣子，老實告訴我，妳是不是嫌我年紀太大？」

「怎麼會呢？」祝氏如是回答。

「那麼，妳大概是嫌我官卑職小吧？」

祝氏搖了搖頭：「也不是。」

盧公納悶地說：「既然妳不嫌我年老，又不嫌我官小，那麼，妳又為什麼整天愁眉不展呢？」

祝氏無奈地笑了笑，隨口吟唱道：「不恨盧郎年紀大，不恨盧郎官職卑；只恨妾身生太晚，不見盧郎少年時。」

與其怪別人，不如怪自己。因爲，不管問題究竟出在誰的身上，你所能改

變的，都只有自己身上的問題；不管是他嫌你還是你嫌他，你都沒有辦法掌握對方的心態。你只能改變自己厭惡對方的心理，或是想辦法讓自己變得不那麼惹人嫌。

埋怨別人是一種不健康的行為，因為你沒有必要用別人的缺點來懲罰自己。相反的，一個懂得反省自己的人，才有更多的籌碼去改變現狀，才有更多的能力去適應那些不能改變的事實。

換個讓自己舒服的想法

不管別人對你做了什麼，你的情緒都掌握在你自己的手上。換個讓自己舒服的想法，把所有的不愉快一次清光光吧！

你感到悶悶不樂？你感到諸事不順？你感到那個人的話刺傷了你？你感到背後有一雙惡意的眼睛一直在盯著你？

是的，人的感覺不可抹滅，你感覺到什麼，就是什麼。但重點是，你要如何去解讀這些感覺？

你要怎麼把這些不愉快的感覺轉換成愉快的想法？

記住，感覺是別人給的，但是，想法卻是自己創造的。

有個官員精力充沛，對生育之事特別在行，膝下子孫成群結隊，三代同堂生活得好不熱鬧。

但是，他的一位同僚命運恰恰與他相反，已經成婚多年了，卻仍在為生不出子嗣而發愁。

別人的不幸，正好襯托出自己的幸運；別人的失敗，正好反映出自己的成就。這名官員趁機對著同僚炫耀道：「你這個人啊，不是我說你，連個兒子也生不出，真是一點本事也沒有。你看看我，多好福氣啊，生了這麼多子孫，房子都快要裝不下了！」

同僚聽了，並不以為意，只幽默地回敬道：「生兒子，是你的本事；生孫子，可就不是你的本事了。」

簡單的一句話就化解了尷尬的場面。聽到這番對答的人無不大笑，讚揚這位同僚的幽默與智慧。

潛能開發專家馬修史維曾說：「每一件事情都是從想法開始，所謂的真相，其實只是你個人對事情的解釋。」

別人可以踩你、罵你、嘲笑你，但是眞正可以傷害你的，只有你自己。

他污衊你，你可以選擇不相信。

他譏笑你，你可以選擇不理會。

他吃定你，你聳聳肩、笑一笑，慶幸自己還有便宜讓別人佔。

說得更明白一點，不管別人對你做了什麼，你的情緒都掌握在你自己的手上。既然那個人、那件事讓你感覺很不舒服，那就換個讓自己舒服的想法，把所有的不愉快一次清光光吧！

批評人格最是要不得

說話技巧好的人，必定懂得察言觀色，當對方勃然動怒時，能夠為自己找個台階下，化解緊張的火爆氣氛。

美國群眾心理學家巴克博士·在所著《內在的敵人》一書裡，曾探討過夫妻爭吵的原因。他以兩百五十對夫婦作抽樣調查樣本，研究爭吵時所用詞彙，發現其中最容易激怒對方的戰略，莫過於分析並侮辱對方的人格。

這是巴克博士所舉的實例：

妻子：「我知道，你又在開玩笑了！」

丈夫：「絕不是開玩笑，我最了解我自己。」

妻子：「我才不相信，我最了解你，看來人模人樣，實際上真不是東西。」

這段對話針鋒相對，充滿火藥味，是最失敗的罵人方式。這位太太如果眞說中了對方的瘡疤，她的丈夫必定暴跳如雷，因爲「眞不是東西」的辱罵，天下沒有幾個人能忍受得了。

凡具有破壞性的口角戰略，通常會遵循下列程序進行：

一、限制對方的性格。

二、互相批評對方的人格。

三、相互的人格破壞，而將對方擬物化。

當然，這原則不只限於夫妻吵架，擴大到其他較長時間接觸的人與人之間，也常常發生。

許多大企業的管理人員都會記得時時提醒自己，避免說出「你的特性是……」、「你天生就……」這類話，以免引起部下的反感。人性的缺點之一，就是深信「江山易改，本性難移」，因此總是善於原諒自己，惡於寬恕他人。

這種情況下，一旦被人掀開底牌，受到刺激，那股創痛，豈能忍受得了？

世界各地殺人案件都有逐漸增加的趨勢，尤其在美國的大都市如紐約、舊金山等地，更是駭人聽聞。以紐約爲例，曾經在短短六個月之內，發生了一千三百四十六宗謀殺案。

心理學家分析，這些不幸事件之所以發生，多數都是由於被害者使用了惡毒的話語，成爲悲劇發生的導火線。

例如，有被害人用最刻薄的方式對加害人說：「你這個沒出息的東西，一個大男人竟然連老婆也養不活，還欠下一屁股債！」

這句話非常嚴重地傷害了這名加害人的自尊，因而從一開始的憤怒、不安，逐漸轉變爲緊張、激動，最後瘋狂地舉刀殺人，符合心理學上「心理慘遭挫敗，導致行動發洩」的理論。

當自尊遭到無情傷害，如果不能以較緩和的行動排除蓄積在胸中的忿怒，

心理上的強力挫敗將可能轉爲一股強勁的憤怒，導致喪失理智，做出傻事。

遇到這種狀況，應設法疏導，化乖戾爲祥和，避災禍求平安。說話技巧好的人，必定懂得察言觀色，當對方勃然動怒、怒火中燒時，爲自己找個台階下，化解緊張的火爆氣氛，不讓彼此的關係繼續惡化下去。

和性格敏感的女孩子講話，更應格外地愼選措詞、用語。女性大都非常不能忍受傷害自尊心的話語，若對方眞的長得不好看，「妳長得蠻漂亮」這種近於諷刺外貌的話便絕對不能說，要避免談及美或不美的問題。

如果眞的沒辦法閃避類似話題，不如單刀直入：「妳雖然長得並不漂亮，可是相當迷人，妳的談吐、妳的舉止，在在都令我著迷。」

說話的時候，要注意避免觸及可能傷害他人自尊的敏感話題，萬一不小心點到，則要儘快設法緩和氣氛，如此才能讓社交場合的氣氛更加圓融美好，人際關係更爲和諧。

PART 7.

對付老頑固，要軟硬兼施

固執並不等同於是非不明，
也不是說觀點絕對不能改變，
「軟硬兼施」、「冷熱戰術」
都是證明行之有效的謀略。

援引實例最有說服力

用爭論駁倒對方，雖然在理論上獲勝，但卻難使人心服；從例證著手，最能引動情感，讓他人對於你的意見或說法欣然同意。

面對別人不懷好意的攻擊行爲，必須先抑制自己易怒的情緒，不必和對方一般見識，也不必脫口用髒話問候他的家人，只要依樣畫葫蘆，順著對方的邏輯回應，就可以替自己解圍。

有一位旅遊書作者這輩子都沒有出過國門，卻寫了本《海外旅遊指南》，並且還十分暢銷。

知道這件事的同行大為嫉妒，有一天故意對他說：「你哪裡都沒去過，怎麼能寫這種書呢？不是擺明了在騙人嗎？」

他的回答相當出人意料：「從沒去過巴黎的名家×××，寫出的《巴黎指南》不也是人人愛讀，不忍釋手嗎？」

這種有先例可循的答辯，最能使人知難而退。

用爭論駁倒對方，雖然在理論上獲勝，但對方即使口服，卻難以心服；從例證著手，則最能引動情感，讓他人對於你的意見或說法欣然同意。

有位作家在荳蔻年華時完成許多篇戀愛小說，篇篇華麗曲折，章章絢爛細膩，風靡成千上萬的少女。

對此，有位評論家毫不客氣地提出批評：「她自己仍然待字閨中，怎麼能夠如此大膽地寫出夫婦之間真實的生活？」

她得知這則評論之後，立刻反駁：「如果依照您的意思，那些描寫囚犯經歷、敘述帝王奢華生活的作家們，一定進過監獄，當過皇帝了！」

這位評論家啞口無言，從此不敢再啟戰端。

活在這個紛紛擾擾的社會，人難免會遇上麻煩，難免遇到有心人故意找碴。這時，賭氣硬和對方計較，就會淪爲潑婦罵街；置之不理，對方可能得寸進尺，讓人難以嚥下那口鳥氣。

面對這些讓人抓狂的事情，最好的應付方法，就是援引一些實際案例，讓對方自討沒趣。

這位作家引用一個事實俱在的例子，和自己的立場相提並論，任何人在同視兩者之後，當然獲得相同結論，這就是她的聰明處。

對付老頑固，要軟硬兼施

固執並不等同於是非不明，也不是說觀點絕對不能改變，「軟硬兼施」、「冷熱戰術」都是證明行之有效的謀略。

依據自身個性與言語風格的不同，我們可以將人分爲幾大類，諸如理智型、情感型、頑固型等等。頑固型或許不是其中最顯眼者，但絕對是最頑強、最難以征服的一種。

頑固型談話模式的代表人物，首推埃及總統納賽爾。他之所以享有名聲，正是因爲在談判過程中，即便面對了西方列強施加的龐大壓力，仍能以堅定不移的態度收回蘇伊士運河主權。

然而，在以埃戰爭談判中，又是什麼使這位頑固型的政治人物最終不再堅持己見，選擇退讓呢？

一九七〇年，有位美國律師獲准和納賽爾就以埃兩國衝突展開談判，他問納賽爾：「您希望梅厄夫人（當時的以色列總理）採取什麼行動？」

納賽爾堅決地答道：「撤退！」

律師又問：「要她撤退嗎？」

納賽爾答道：「是的，從阿拉伯的領土上完全撤退。」

律師驚訝地說：「沒有交換條件？對方從您這裡得不到任何好處？」

納賽爾斬釘截鐵地回答：「什麼好處都沒有，這原本就是我們的領土，以色列本來就應該撤退。」

律師並不退縮，換了個方法詢問：「請您想像一下，如果明天早晨，梅厄夫人在廣播和電視上宣佈說：『我代表以色列人民宣佈，我國將從自一九六七年以來佔領的土地，包括西奈半島、加薩走廊、西海岸、耶路撒冷和戈蘭高地

上完全撤退，但是周邊的阿拉伯國家沒有做出任何讓步。』那麼國內輿論與情勢將變成什麼樣呢？」

律師的語氣和表情相當生動、誇張，納賽爾一聽，忍不住大笑起來，說道：「喔！那她要有大麻煩了。」

由於美國律師巧妙地運用了語言策略，終於成功使納塞爾同意讓步。

對付頑固型的人，不能在談話開始就直奔目標，應採取「以迂爲直」的謀略，以冷靜態度和足夠耐心應付，從容地向最終目標推進。在不斷誘發對方需要的同時，還應提出有力證據，強化己方建議或主張的正確性，切忌貿然觸及或嘗試推翻他們堅持的信念。

固執並不等同於是非不明，也不是說觀點絕對不能改變，只是不易改變，除非碰上適當的方法。「軟硬兼施」、「冷熱戰術」都是行之有效的謀略。有意製造衝突，然後設法恢復常態，或者有意製造僵局，接著破解僵局，都屬於有效的「冷熱戰術」，能夠動搖原先強硬的態度。

針鋒相對使人無言以對

對方提出詰問，必定希望你依照他的目的來進行，一旦發覺你的回答完全是針鋒相對，就足以令他手足無措、無言以對了。

二次世界大戰以後，日本保守派最傑出的謀士三木武吉，幫助鳩山一郎順利當上首相，才華蓋世、機智絕頂的表現令人為之讚佩，可是他總難逃女人的引誘，緋聞一直不絕。

三木武吉晚年，有一名婦女團體的代表前來拜訪，很不客氣地詰問：「三木先生，您的一舉一動都能影響國家社會，如此情況下還和兩個名女人搞七捻三，這到底是怎麼一回事？」

三木武吉聽了卻一臉無所謂，淡淡地回答說：「才不止兩個，可能您想像不到，我現在正跟五個女人有關係、有往來呢！」

這位婦女代表愣在當場，無言以對。

他繼續說：「這五位女士在我年輕時處處照顧我，現在她們徐娘半老，甚至老態龍鍾了，我當然應該在經濟上幫助她們，並在精神上支持她們。」

這位婦女代表一聽，不但不再責怪他，反而感佩萬分。

同一時期，擔任日本勞工運動主持人的太田薰，說話技巧也非常高，比起三木武吉毫不遜色。

有一次，鋼鐵勞動聯盟組織推派一位代表拜訪太田，說他不該如此畏畏縮縮，並嚴厲指責他領導的勞工運動無法為工人爭取福利。

太田立刻反駁：「你們以為美國的勞工聯盟全被右翼份子把持嗎？他們即使發動大罷工，最後也僅能熄火待命。你們呢？言論表現如此激烈，可是又有什麼真正成績？」

大聲叱喝之後，這位代表當即閉口，以後再也不敢來囉唆。

三木武吉和太田薰之所以能在盤詰之下立刻還以顏色，有效封鎖對方的攻勢，讓他們知難而退，原因不外乎下列三項：

- 全盤了解對方的目的
- 考慮自己的目的
- 調節兩者的進行順序

對方提出詰問，必定希望你依照他的目的，依循某些規則來進行，一旦發覺你的回答完全是針鋒相對，有排山倒海之勢，自然會感到手足無措、無言以對。想要罵人之時，適時亮出自己的底牌，是掌握主控權的好方法。

明槍比暗箭更難防

遇到別人批評、指責的時候，別急著用髒話回敬，也不用惱羞成怒，應該擺出迷魂陣。

談話是促進人際關係的有聲媒體，也是情感交流的手段，互訴心聲的工具。但是，正如同水能載舟，亦能覆舟，它像一把「兩面刃」，經常將人導入錯誤的判斷或紛爭中。

美國過去有位頗有人緣的政治家，名爲戴恩將軍，但也以好色聞名。某次發表競選演說時，一名聽眾因爲不滿他的私生活，竟當眾責問他的不檢點。沒想到戴恩只靠三言兩語，便使對方啞口無言。

聽眾：「將軍，您的意見我都贊成，但請您少玩弄女人好嗎？」
將軍：「是這樣嗎？請問這位先生，您是不是一位堂堂男子漢？」
聽眾：「是啊！我當然是。」
將軍：「那麼，如果有位極漂亮的女孩子要你愛她，你忍心拒絕嗎？」
聽眾：「這個……」
將軍：「我相信你同樣不會拒絕的，是吧？」

戴恩將軍回應聽衆的，就是「趣味邏輯」三段論法——男人愛女人，你是男人，所以你也喜歡女人！

在這段簡短的對話裡，戴恩並未惱羞成怒，而是巧妙地避開了「道德」問題，僅就男女之間的喜悅進行討論。

此類單純、明快的理論最容易讓人中計上當，即使後來發現自己被「三段論法」的迷魂陣欺騙，也已經喪失了最佳的反擊時機。

政治家們就經常利用這種方法攻擊對方的弱點，所以我們常常可以聽到某些要人在分析一個極爲重要的問題時說：「這個問題有三項重點：第一是……第二是……第三是……」

輕描淡寫地分析了整個問題，聽者往往被搞得昏頭轉向，誤以爲事情眞的如此簡單，殊不知它並不是只有三點而已，很可能有第四點，而這個第四點，才是問題的眞正核心。

可見，明快的理論方式，最容易使人受騙上當。

遇到別人批評、指責的時候，別急著用髒話回敬，也不用惱羞成怒，應該擺出迷魂陣。若無法直接解決問題，不妨藉一段引言沖淡問題的嚴肅性，再導引聽者步入錯誤的判斷當中，同樣是取勝的好方法。

破口大罵不如裝聾作啞

意志型談判者在人際關係上缺少一定的彈性，卻能堅持原則，因此若碰上事關重大的談判，指派他們出馬將最為恰當。

面對批評、攻訐，唯有保持恰當的應對進退，才能夠氣定神閒地回敬。在交涉或談判過程中，碰上咄咄逼人、言語刻薄的對手，與其針鋒相對，倒不如高明地以「裝聾作啞」壓制、克服。

第一次世界大戰結束後，英國聯合法、義、美、日等國代表，與土耳其代表在瑞士洛桑展開談判，企圖脅迫簽訂不平等條約。

會中，英國代表克敦態度傲慢，談吐囂張。土耳其代表伊斯麥提出維持土耳其主權的條件後，克敦當場暴跳如雷，不僅揮動拳頭、大聲咆哮，甚至出言恫嚇辱罵對方。

碰上這種狀況，應該如何應對？

局面與氣氛都相當緊張，伊斯麥卻態度安詳，視若無睹，等克敦聲嘶力竭地停下來以後，才不慌不忙地張開右手，靠在耳邊，把身子靠向克敦，十分溫和地說：「您說什麼？對不起，我耳朵不太好，實在聽不清楚呢！如果可以，請您再說一次吧！」

想當然爾，克敦不能再重新發一次脾氣，氣勢頓時矮了半截，像顆洩了氣的皮球，連話都說不出來了。

語言是人類交流的工具，人與人之間交往和溝通，都離不開語言。

但是，想要讓對方照著自己的意思去做，就必須擁有堅定的意志，無論對方說什麼都像聾子一樣置若罔聞，這種應對方式絕對強拍桌子對罵。

土耳其代表伊斯麥，就是典型的意志型的人。

這種人往往會在交涉或談判過程中產現出強烈恆心、毅力與自制力的人。

這種人不但會裝聾作啞，最大特點是具有堅持到底的精神。

此外，他們只要有什麼想法就談什麼想法，甚至坦然將心底眞正意念和盤托出，完全不介意對方能否接受。同理，受到別人的強烈批評甚至惡意中傷，也能處之泰然，不被動搖。

這類人在人際關係上缺少一定的彈性，無法面面俱到，但卻能堅持原則，使人信賴，也由於忍耐力極強，能夠一肩扛起重要任務，不辱使命。

因此，若是碰上事關重大的談判，指派意志型談判者出馬將最爲恰當。堅強的意志，就是一種有利的談判優勢。

委婉含蓄也能達到目的

委婉含蓄的語言中蘊藏的思想和情感較多，言外之意也比較深，更需要聆聽者加以思考、理解、體會。

只要是人，多少都好面子，即便是自己做錯了事情，或理虧在先，也不希望受到他人指責。

聰明的人必須理解這個道理，視客觀狀況彈性調整自己的語言策略，以求說服對手，達到目的。

一位出差洽公的老先生，在廣州的街頭小攤上買了幾件衣服。想不到付款

時，賣衣服的女子見他的錢包裡有幾百元美鈔，竟生了邪念，趁他不注意，偷偷把錢包塞進了衣服堆裡。

老先生發現錢包丟了，十分著急，眼見身邊沒有其他人此時只有他們兩人，確信是對方動了手腳，可賣衣服的女子非但不承認，還態度強硬地說：「你說是我拿了？那去叫警察來啊！」

老先生不急不徐地說：「別緊張，我沒說是妳拿了，是不是忙中出錯，混到衣服堆裡去了？請幫我找找吧！我一下子照顧了妳好幾百元的生意，妳怎麼能這樣對我呢？」

「想想，妳年紀輕輕的，在這個熱鬧街道擺攤，信譽要緊哪！再說，人家託我買東西，好不容易湊齊了百來塊錢美鈔，丟了讓我怎麼交代？妳就當行行好，幫我找一找吧！」

女老闆聽了這番中肯委婉的話，只好訕訕地說：「我幫你找找看就是。」

老先生一聽，立刻擺出感激涕零的模樣，答道：「太好了，我就知道妳是好心人，一定會幫忙的。」

果然，女子順水推舟，在衣服堆裡翻弄一陣以後，便「找出了」錢包。

透過一來一往的對話，你看出老先生採用的策略了嗎？

他沒有直接指責對方偷了錢包，而是表示可能忙中出錯，混到衣服堆裡。這句話給了對方一個下台階，爲回心轉意創造了條件。接著，又進一步暗示、開導，要女老闆珍惜名譽，還談了自己的困難，以搏取同情。眼見對方略有醒悟，他馬上給予熱切鼓勵。最後，終於成功促使女老闆良心發現，將錢包歸還，免去一場重大損失。

自始至終，老先生都沒有追究對方的錯誤，而是以堅定意志與和緩態度並行的方式，將對手一步步地導向目標。

這種談話風格，一般表現得較爲委婉含蓄，特點是言辭柔和、語義曲折，表達上儘量做到簡約婉轉，留有餘地。這種說話方式的技巧在於不直接說出需要傳送的資訊，而是把眞正的意思藉僞裝修飾後的語言婉轉地表達，再輔以面帶微笑的平和神情。

所以，有人將此類技巧稱作「軟化」藝術。

這種說話方式能給對方溫文爾雅、不同流俗的印象。即便表達的是與對方相左的意見，也會因爲刺激性較低而有效避免衝突，緩和矛盾，使談話在友好、寬鬆氣氛下進行。

委婉含蓄的語言中蘊藏的思想和情感較多，言外之意也比較深，更需要聆聽者加以思考、理解、體會。由於眞正的意思不由說話人直接說出，也就不容易落人話柄，降低了在談話中陷於被動或僵局的可能性。

這不僅是自信、堅毅的表現，更展現了說話辦事的優勢，值得有志強化自身談話功力的人揣摩、善用。

猛攻不見得管用

當對手怒火中燒時，請千萬先停下自己的攻勢，替他們找一個可以發洩的出氣孔，等氣頭過去、一切冷靜後再談。

只要善於應用言語，並選擇最適宜的談話方式，無論在談判交涉過程中談的是什麼樣的生意，碰上什麼樣的對手，都能達到預期效果。

有一次，房地產大王約瑟夫接受政府委託，前往拍賣紐澤西州開普頓一帶的房子。這一帶的房子，原本提供給在船廠工作的人們當宿舍，但卻沒料到在拆遷上碰到很大的困難，現有的「屋主」們以「政府當初命令我來住，現在怎麼可以又把我趕走」為理由，竭力反對。

由於他們的人數較多，且態度強硬，使約瑟夫大深感為難，十分苦惱。面對這樣一群幾乎不講理的民眾，假如自己的處置失當，勢必將遭受攻擊，該怎麼辦好呢？

當然，約瑟夫可以說自己只不過奉命行事，把一切責任都推給政府，使群眾無言可對。然而，他也知道，假如這樣做，就不是個聰明的房地產商了。一味指責別人的錯誤，將責任推卸乾淨，不會產生積極效果。

那麼，他決定採取的辦法是什麼呢？

約瑟夫讓拍賣活動搶先在宣佈時間的前一小時便展開，理由是他知道群眾必定會在拍賣時間湧入會場，鼓譟搗亂，所以寧可提早，使他們措手不及。

此外，他更聰明地打探出已有某位住戶願意參與競標，也知道對方能夠負擔的金額，便第一個選定那一棟房屋作為拍賣物件。

約瑟夫說：「知道那位住戶願意購買後，我便選定那棟房子作為第一個交易物件，並讓他順利得標。因為那位住戶如願以償，有效平撫了其他人的怒火。

事實上，他們之所以強烈反對，是因為以為政府要趕走他們，如今既然有了購屋機會，事情就容易解決了。」

「那天，一切照我擬定的計劃進行，十分順利。那位住戶成功購得他的房子，所有前來搗亂的人見狀，都當場歡呼起來。原先想痛打我一頓的人，全部把我當成了朋友，甚至把我高高舉起來歡呼！」

將約瑟夫的經驗運用在商務談判上，可以得出什麼結論？

很簡單，就是不要「硬碰硬」。

當對手怒火中燒時，請千萬先停下自己的攻勢，替他們找一個可以發洩的出氣孔，等氣頭過去、一切冷靜後再繼續談判，而非於火上加油，否則將導致兩敗俱傷，一事無成。

化解反感，言語必須委婉

「委婉說服術」易於接受，所以在商務交易中被廣泛採用，成為讓固執難纏對手低頭的法寶。

很多人以為要說服別人，一定要理直氣壯，從氣勢上壓倒對手，實在是大錯特錯。

實際上，「委婉」也是一種很好的說服術。

所謂委婉說服術，是指以動聽悅耳的言辭、溫和柔軟的語氣、平易近人的態度、曲折隱晦的暗示為手段，使對方理解自己、信任自己，從而拉近距離，達到說服的目的。

有一回，因為得到有利情報，法國企業家拉蒂爾專程趕往印度新德里拜訪拉爾將軍，談一樁關於飛機銷售的大買賣。

抵達新德里之後，拉蒂爾立刻與拉爾將軍展開約談，希望儘快找到機會見面，可對方的態度卻相當不友善，因此未能馬上如願。

幾次交涉仍不得要領，迫不得已，拉蒂爾只好說：「我僅以私人名義拜訪，十分鐘便足夠了。」好不容易終於得到了許可。

會面地點選在辦公室，一見面，將軍便表示出相當不耐的樣子，擺明了想趕快把客人打發走。

拉蒂爾卻不洩氣，簡單問候之後，他說：「將軍閣下，您好。我衷心向您表示謝意，感謝您對敝公司採取如此強硬的態度。」

這是怎麼回事呢？將軍頓時感到有些莫名其妙，接不上話。

拉蒂爾接著又說：「因為您，使我得到一個十分幸運的機會，得以在生日當天回到自己的出生地。」

「你是在印度出生的嗎？」將軍微笑了。

「是的。」拉蒂爾見對方態度有些軟化，立刻將話題延續下去。「我是在加爾各答出生的，當時家父是法國歐爾公司駐印度代表。印度人民相當好客友善，我們全家在這裡得到了很好的照顧。」

拉蒂爾娓娓地談起對童年生活的美好回憶：「還記得三歲生日的時候，鄰居的一位印度大媽送我一件可愛的小玩具，我和印度小朋友一起坐在大象背上遊玩，度過相當幸福的一天。」

拉爾將軍被深深感動，當即提出邀請：「能在印度過生日實在太好了，不嫌棄的話，我想請您共進午餐，表示祝賀。」

「委婉」攻勢已經取得初步成效，但要真正達到目的，還需更進一步。汽車駛往餐廳途中，拉蒂爾打開公事包，取出一張已泛黃的照片，雙手捧著，恭恭敬敬地展示在將軍面前，說道：「將軍閣下，您看這個人是誰？」

「啊！這不是聖雄甘地嗎？」

「是的，您再瞧瞧左邊那個小孩，那就是我。四歲時，我和父母一道回國，十分幸運地和聖雄甘地同乘一艘輪船，留下這張合影。我父親一直珍藏著這張照片，這次回到印度，我無論如何都要拜謁聖雄甘地的陵墓。」

「你對聖雄甘地和印度人民的友好態度，實在是太令我感動了。」拉爾將軍激動地說。

自然，午餐是在親切融洽的氣氛中進行的。當拉蒂爾向將軍告別時，這宗大買賣已經拍板成交了。

回顧會談的進行，可以發現，面對不友善氣氛，拉蒂爾沒有莽撞地硬碰硬，而是以非常委婉的語言，動人的回憶，巧妙地與將軍展開交談，透過融洽祥和的氣氛進行說服，從而使買賣成交。

這就是「委婉說服術」的生動體現，也正因爲它易於接受，所以在商務交易中被廣泛採用，成爲讓固執難纏對手低頭的法寶。

要激勵自己，更要接納自己

人要懂得激勵自己，但更應該要學會接納自己，因為，只有越快面對現實，你才可以儘早改變現實。

造船的目的並不是要把它放在船塢裡，供自己和別人欣賞，而是要駕著它在人生旅程航行那麼幾遭。

悲觀的人，一直埋怨風向，樂觀的人，一直期待風向，只有徹底認識自己的人，才能不斷地調整風帆，到達自己想去的地方。

古時候學宮考試，成績分為六等；四等已經算是不合格的了，要挨打受罰；

六等最差，要被逐出學宮。

有個讀書人成日渾水摸魚，一試見真章，竟不小心得了個六等。這下好了，這麼丟人的成績要怎麼回家對妻子交代呢？

讀書人腦筋一轉，便撒謊騙妻子說：「以前的宗師考試，只有六等，這次運氣真背！碰上了一個昏庸的考官，心腸歹毒，嫌六等不夠，又增加出一等，妳說氣不氣人哪？」

妻子好奇地問：「那萬一考到了七等，要怎麼處罰？」

讀書人煞有其事地說：「考六等的不過是被趕出去，考七等的，可就慘了！那考官真不是人，若考了七等，就要遭受閹割之刑……」

妻子聽了，驚慌失措，緊張地問：「那你考了幾等？」

讀書人得意洋洋地說：「幸好妳老公我還算爭氣，考了個六等，否則後果真是不堪設想啊。」

面對不如己意的事，要用樂觀的心境面對。

古羅馬思想家馬可．奧勒留是這麼說的：「你的黃瓜有苦味嗎？扔掉它。你的小路長著荊棘嗎？繞過它。這就夠了，不要再說：為什麼連這樣的東西也會出現在世界上？」

別笑故事中的讀書人既不爭氣，又愛編織謊言騙人騙己；人生難免會有挫折，當你刮傷一點皮的時候，想想有人因此而斷了手，你會慶幸還好自己遇到的不算最糟的。

樂觀可以幫助人們療傷止痛，但並不適於用來痲醉自己。過度沉浸在樂觀中，就成了自欺欺人，即使可以換來短暫的安慰，也不可能一輩子躲避事實。

人要懂得激勵自己，但更應該要學會接納自己，因爲，只有越快面對現實，你才可以儘早改變現實。

8.
PART

以自責代替斥責

責人時引出自責，往往會收到更佳的效果。
同時也要注意切莫帶有諷刺意味，
否則只會帶來反效果。

善用笑話，促進氣氛轉化

如果發覺雙方同時被某些因素所困擾，陷入低迷或劍拔弩張當中，不妨試著適當且活潑地插入一兩句笑話。

確實，壓力能激發潛力，讓人表現得比平常更好，但過度壓力也可能導致傷害，適得其反。

在這個人與人互動頻繁的時代，每個人都應當適度地培養一些小技巧，排解和別人打交道過程中可能產生的強烈緊張情緒與龐大壓力。

有一群印第安人被敵人追趕，只好離開家鄉，一路奔逃。一連跑了好幾天

之後，酋長決定召集全部族人，展開談話。

當所有人都集合之後，他大聲說：「大家聽著，我有一個好消息和一個壞消息要告訴你們。」

族人們聽到這句話，自然又是緊張，又是擔心，紛紛交頭接耳，引起了一陣不小的騷動。

酋長舉手示意大家安靜，然後說：「首先，我要告訴你們壞消息——除了水牛飼料以外，我們已經沒有東西可以吃了。」

話音一落，大家都驚叫起來，露出恐慌的神色，彷彿世界末日就在眼前。慌亂中，一個勇敢的人舉手發問了：「那麼，好消息又是什麼呢？」

酋長笑著回答：「我們存有很多水牛飼料。」

不可否認，無論罵不罵人，和別人談話是一項必須耗費大量心力的工作，尤其是商業性談話，隨著事情的討論趨近高潮，氣氛也將越發緊繃。在這種情況下，談判參與者自然容易感到不安，並渴求化解的方法。

究竟該如何活絡氣氛，紓解層層的壓力呢？有些人喜歡嚼口香糖，有些人會選擇抽煙喝酒。的確，它們都能有效緩解緊張氣氛，但比較起來，效果最好還是首推「幽默感」。

只要用上一次，你就會同意以下這句話——笑是最好、最天然的鎮定劑，威力是尼古丁與酒精所不及。

如珠妙語不僅可以使緊張氣氛得到暫時緩解，提振萎靡疲憊的精神，甚至可望發揮更積極的作用，拉近雙邊關係，促進協議達成。

下一回，和別人談話時，如果發覺雙方同時被某些因素所困擾，陷入低迷或劍拔弩張當中，別急著破口大罵，不妨試著適當且活潑地插入一兩句笑話，相信會收到相當不錯的效果。

從弱點下手，就能動搖對手

從人性弱點下手，滅他人威風，無須疾言厲色便能得到勝利，這就是「情感式談話」的威力。

顧名思義，所謂「情感式談話」，就是在談話中引入情感，動搖對手，提高面對難纏問題的勝算。

《讀者》雜誌曾刊登一篇報導，關於經紀人馬利加如何解決客戶雪萊的合約糾紛，正是對這個術語的最好說明。

雪萊是一名優秀的編劇，曾創作出許多精采的電影劇本。經紀人馬利加替

他爭取到一份條件相當優渥的合約，凡售出的每張電影票都得以抽成，但是簽署合約的費爾德後來卻不願意支付費用，透過律師表示雪萊的稿件根本不符合「電影行業的標準」。

為了替雪萊爭取權益，馬利加開始著手調查這件案子，多方調查取證之後，逐漸對費爾德產生了解，發現他是一位很重視禮節、對自己的外表與風度都相當要求的人，自然也相當愛面子。

為此，馬利加很快擬定出一條計劃，約定繼續針對合約糾紛進行談判，地點選在義大利聖利摩的一家豪華飯店。

在飯店花園中見面並相互問候之後，原先表示不會到場的雪萊竟興沖沖地從人群中走過來。費爾德見到他很是驚奇，立即習慣性地奔向他，親熱地擁抱，並大聲招呼：「雪萊，我的朋友！」

就在這時，馬利加插話道：「費爾德先生，我的客戶雪萊在履行合約方面，有什麼不對的地方嗎？」

費爾德當下露出猶豫不決的神色，向來以紳士形象自詡的他，怎麼能當面

指責「親密的朋友」呢？

看出對方的為難，馬利加很快又將問題重複一遍：「費爾德先生，請問雪萊先生在履行合約方面，有什麼不周到的地方嗎？可否請您趁著現在這個機會明確地指出來呢？」

騎虎難下的費爾德只好擠出微笑，看著馬利加，回答道：「雪萊不僅履行了合約中規定的一切義務，而且還表現得極出色，對本公司貢獻非常大。」

小插曲結束之後，談判很快就取得了結論——費爾德決定讓步，同意支付合約中寫明的一切收益。

馬利加的手段可能有些過分，但並非全無可取。誠然，他在解決問題時摻入了一些個人情感因素，但是，如果只懂得據理力爭、不知變通，事情處理起來必定沒有那麼順利，也未必能達到目的。

從人性弱點下手，首先滅他人威風，提高自身氣勢，無須疾言厲色便能得到勝利，這就是「情感式談話」的威力。

罵人重疊連發，讓人有氣無處發

重疊連發式罵人，不僅不會令人生氣，反而會沖淡對方的記憶，心理上的疙瘩也不至於太過於深刻。

如果突然有人指著你說：「你這個混蛋！」即使他有天大的理由，你必定仍會感到非常不高興。

但是，如果懂得說話的方法，即使罵了人，對方還會認爲你罵得好、罵得對，甚至拍手叫絕。

以下提供一些實際的例子：

許多電視劇中，我們常會見到如下的台詞：「你這個陰險、毒辣、卑鄙、無恥的小人，滾蛋吧！」

夏目漱石在他的名著《哥兒》一書也曾寫道：「這高級混蛋、騙子、假道學、江湖郎中、走狗，吼起來像狗叫的混小子！」

這兩種罵法，看起來都把對方罵得狗血淋頭，可是太多的壞字眼堆砌在一起，反而給人一種「可愛」的感覺，即便氣在心頭，卻怎樣也發不出來。

心理學者曾進行一項「逆行抑制」實驗，安排受試者在無意識下學習拼綴甲系列文字，再學習拼綴相當類似的乙系列，最後學習丙系列。結果，竟改變了他最初對甲系列的記憶。

這項實驗的結果，證實了乙系列的學習會抑制對於甲系列的學習，從而造成對於甲系列的遺忘。

由此可知，將許多罵人的辭彙累積，反而會沖淡對方的記憶，心理上的疙瘩也不致於太過於深刻。

同樣的道理，孩子們常會在玩鬧時使用謾罵式用詞，例如「羞羞臉」等，雖然是罵人的字眼，卻很少令人生氣。

日本著名小說家生犀，在他的名著《兄妹》當中，描述妹妹罵哥哥「酒鬼、浪子、色鬼……」，哥哥則回罵她「小瘋子」。

這種罵法並不表示兄妹之間相互憎惡，事實上，連續式的對罵反而更能突顯出親密的手足之情。

重疊、連發式的罵人方式，不僅不會令人生氣，有時反而能夠增加彼此的感情，是一種相當有意思的小技巧。

用「不」來剷除拒絕態度

對方不肯說話，表露出拒絕的態度，因為心裡充滿了「不」的反抗意識。想使他開口，首先就要剷除這個「不」字。

與人交談過程中，如果能順利打破沉默，製造共同的話題，不啻在人際關係上注入一針強心劑。

那麼，該如何打破沉默？

心理專家在替人進行心理諮商和診斷之時，最令他們感到頭疼的事，莫過於病人拒絕合作。這類人不僅一問三不知，甚至不理不睬，只是緊閉著嘴巴，

兩眼傻傻瞪著一個方向，無論怎麼問，就是充耳不聞、毫無反應。

現實社會中或是工作場合，這種拒絕合作或乾脆擺爛的人也不在少數，於是，有心理專家針對這種狀況，發明一種特效藥，就是猛然提出一個會令這種人提出反駁的問題。

身爲主管的人，碰上那些工作表現不佳、受到上司責罵的職員，不妨對他們說：「你在家裡，和太太、家人，一定處得不好！」

毫不客氣地從他的頭上澆下一盆冷水，他必會氣憤地反駁：「胡說！我和家人一向處得很好！」

人都有自尊心，即使他和家人處得不好，也不願意讓家醜外揚。

等到順利使他開口，再抓住這句話作爲把柄，追問：「那你爲什麼在辦公室裡和同事處不好呢？」

可想而知，他自然會滔滔不絕地說出一大堆理由，把心中的話全盤托出。

對方不肯說話，表露出拒絕的態度，因爲心裡充滿了「不」的反抗意識，想使他開口，首先就要剷除這個「不」字。

納德創辦世界上第一家人壽保險公司，手下知名經理人巴頓有一個極爲巧妙的交涉小技巧：「我每次和對方打交道，談話一開始，總要提出一個他必然會回答『不』的問題，接著追問他『為什麼』，如此一來，對方立刻落入陷阱中，順利打開話匣子。」

這正如同想喝一瓶芬芳醉人的香檳，必先使瓶塞「不」地一聲打開之後，才能眞正品嚐到美酒的醇郁。

把話說得更巧妙的技巧，正在於設法讓對方開口反駁。

「疑問」的效力，更勝於命令

在工作中，疑問句更可以用來引導部屬們的判斷力，促使他們奮發振作，遠比斥責、痛罵還要有效。

現實生活中，有的人不管走到哪裡，都處處受人歡迎，做起事來左右逢源。有的人卻寸步難行，即使在家庭、學校或工作場合，做事也處處碰壁，幾乎沒人願意和他進行良性互動。

其實，造成兩者之間的差別，原因就在於是否懂得掌握說話的藝術。只有懂得如何說話的人，才可能把語言變成自己的工具。

日本天皇御用攝影師熊谷辰夫，說過一則有關皇妃美智子的故事，顯示出

她相當懂得語言的心理戰，能巧妙運用「疑問式比命令式」原則。

有一天，熊谷辰夫奉命進宮替皇太子浩宮拍照，攝取彈琴的鏡頭。可是由於場地太小，浩宮彈得又快，再加上全是高音階，效果非常不好。

如果雙手能移向低音階彈奏，取景便會方便許多。

他為這件事大傷腦筋，卻又不便啟口，此時，美智子會意地說：「浩宮，你試著彈彈低音階，看看會不會更好聽？」

當皇太子將雙手移向低音鍵的那一剎那，熊谷辰夫把握了這難得的好機會，按下快門，成功拍出一張很具效果的照片。

美智子不用「彈低音」的命令口吻，而改用疑問的語氣，證明了她是一位精通兒童心理學的皇妃，能用最富技巧的方式說話。

心理學家普遍認爲，希望孩子們聽話，採用對話的方式，效果往往不會太顯著；如改用命令口氣，雖然能夠達到預期的效果，但因強制性太重，常會使

孩子們失去自發自動精神，因此採用疑問句是最佳選擇。

這種情形，當然不僅限於孩子，在工作中，疑問句更可以用來引導部屬們的判斷力，促使他們奮發振作，遠比斥責、痛罵還要有效。

「如果選擇這麼做，結果會如何呢？」巧問疑問能給予對方一種軟性衝擊，加強期望狀態，從而願意主動加速進行某件工作。當然，想要利用這種方法，必須以了解對方個性和當時的心理狀態爲前提，否則將可能適得其反。

以自責代替斥責

責人時引出自責，往往會收到更佳的效果。同時也要注意切莫帶有諷刺意味，否則只會帶來反效果。

錯誤或衝突造成以後，與其譴責對方，不如以自責的態度來處理事情，更容易讓對方自我反省。

日本名評論家丸岡秀子曾在雜誌上發表過《連繫內心的話》一文，其中有如下一段，值得再三玩味：

丸岡小時候，在學校裡做錯了一件事，被級任老師狠狠地責罵了一頓，末尾還加了一句：「唉！我恐怕教不了這個孩子！」

這件事一直讓她記憶到今日，造成非常深遠的影響。

那位教師把過錯歸咎在自己的「能力」不足，所以對丸岡秀子產生了一輩子的影響。日後她在教訓自己的子女、學生時，總是自責似地說：「我不能把你們教成這樣的孩子哪！」

責人時引出自責，往往會收到更佳的效果。

這種自責方式，可以廣泛地用在人際關係上。

妻子不希望丈夫喝酒，與其叨嘮不休，大可以說：「我實在不希望讓自己的丈夫成爲酒鬼。」

對於工作不力的部屬，主管也可以對他們說：「一定是我指導無方，要不然你們怎麼會這樣！」

這種方式可讓人自我反省，但同時也要注意切莫帶有諷刺意味，否則只會使狀況惡化，帶來反效果。

轉換立場就不必爭吵

比起一味地加諸觀念或斥責，把對方導引至第三者的立場，有技巧地說話，將更具成效。

現實生活中，我們不時見到有人爲了爭論而爭論，試圖透過這種模式壓倒對方，或是讓對方照自己的意思行事！

事實上，這是不可能的事。

想以雄辯、說理使對方信服並不容易，尤其是以「自己的意見、對方的反對意見、自己的反對意見、對方的反對意見」模式進行爭論，更會加深彼此之間的對立僵持，並招致更多更有力的反駁。

爭論要最後，雙方的火氣一上來，便形同批鬥大會或潑婦罵街，最後不歡而散。千萬記住，立場對立時不宜爭論。此時，只有把對方導引至第三者的立場，才能收到正向效果。

譬如，勸導一名不良少年，如果選擇直接和他爭論，態度立場針鋒相對，除了加深反感，不會有什麼作用，要是打罵他，將使狀況更糟。

此時，不妨提出另外一名不良少年說：「那個孩子太不像話了，天天惹他的父母傷心，你有機會勸勸他吧！」

這當然是虛晃一招，目的還是要他自己勸自己，即使被他看穿你的眞正意圖，也是激起良知的一種好方法。

眞正的獲勝者，是使對方能眞正採納自己意見的一方。

類似勸服不良少年的例子，不妨在實際生活中找機會應用，比起一味地加諸觀念或斥責，有技巧地說話方式將更具成效。

爭辯只不過是浪費時間

爭辯只是為了要讓真理越辯越明而已，在一場辯論當中，沒有人會是贏家。因為爭來的勝利不是勝利，公理自在人心。

不要強迫對方接納自己的觀點，爭辯只是浪費口水、浪費時間。這是每個人對他人應有的寬容，也是做人應有的警覺。

假使對方真的有察納雅言的寬闊心胸，那麼你說一次他自然就聽得懂，不必口沫橫飛說得面紅耳赤。

有個獵人在山裡打獵，突然遇見一隻野豬朝自己走來，慌忙中，獵人舉槍就打，竟忘了槍裡頭沒有裝子彈。

神奇的是，這頭野豬雖然沒有中彈，卻被那響亮的槍聲嚇壞了，頓時兩眼一翻，昏倒在地上。

此時，恰巧有個野豬販子路過此地，獵人為了替自己省卻扛野豬下山的功夫，趕緊把野豬販子叫住，要他買下這頭野豬。

野豬販子仔細瞧了瞧商品，發現這頭野豬身上沒有傷口，地上也沒有血跡，看起來大有問題，便對獵人說：「這頭野豬不知道是怎麼死的，也不知道是什麼時候死的，恐怕已經不新鮮啦！」

「怎麼會呢？」獵人辯解道：「野豬是我剛剛才打死的，怎會不新鮮？」

只是，任憑獵人好說歹說，野豬販子仍然不相信，堅決不肯收貨。就在兩人激烈爭辯之際，野豬突然醒過來，一翻身就直往林子裡頭衝，才一眨眼的工夫，就消失得無影無蹤。

獵人見了，非常得意地對野豬販子說：「瞧，我說得沒錯吧，你看這頭野豬說有多新鮮就有多新鮮呀！」

爭辯就像這個故事，就算爭到最後，獵人終於證明自己的說法正確，卻落得一無所得。

爲了要說服別人贊同自己的觀點，有時會無可避免地與人發生一些爭辯。適度的爭辯或許可以讓事情變得更加明朗，但是要記得遵守爭辯內容要有意義、爭辯時要有器量、爭辯態度要有分寸這三大原則。

如果你說的話眞有道理，那麼在抒發己見之後，就留給時間評判吧。

爭辯只是爲了要讓眞理越辯越明而已，在一場辯論當中，沒有人會是贏家。因爲爭來的勝利不是勝利，公理自在人心。

引人發笑，迴響更好

如果能巧妙操執幽默感與優越感這兩項原則，那麼即使講的是刻板嚴肅的事情，也會引人注意、妙趣橫生、讓人發笑。

幽默的話語能逗得旁人會心一笑，是因爲當中含有兩種不同性質的意義，一是被實現的必然性，二是接受合理的約束。

幽默之所以產生，且能帶來預期效果，就在於綜合了上述兩項不同性質。

正因將兩種差別甚遠、性質迥異的詞彙結合在一起，幽默感於焉產生，自然引人發笑了。

與人交談時，如果能夠把握這個原則，幽默感必會源源不絕。

笑，在任何場合都可以製造歡樂愉快的氣氛。

自古以來，許多專家學者發表過各種研究報告，其中都有一個共通點——優越感所在之處，笑聲必常相左右。

這就表示，讓人產生優越感，自然而然地，他便會發笑。

有很多例子可以證實這個原則，以下便是其中之一：

前日本首相池田勇人精於數字，但拙於外交。

有一次，在國會諮詢會議上把「禮節」（Etiquette）這個外來語說錯了，議員們大笑著問他是否知道出了什麼錯，他立刻答道：「喔！我不會說法語，所以我並不知道這個字的正確發音。」

這麼一答，議事場裡更是哄堂大笑了。一次無傷大雅的幽默，在內閣政府陷入窘境的時刻，無形地替他化解了當時的緊張氣氛。

Etiquette這個字，英、法文中都有，池田首相是不是故意說錯，我們不敢

妄自斷言，但是在別人聽來，心裡必定會下意識地萌生了「至少我沒有他這麼笨」的優越感，於是乎，大家都開心地笑了。

全體議員就這麼放了池田首相一馬，可謂是因禍得福。

池田以「顛倒立場」來製造優越感，由首相之尊的優勢地位，主動降至劣勢。用這種方法，更能增添逗人發笑的雙倍幽默效果。

善於逗別人發笑者，一定都能了解這一點，並經常使用這種「給人優越感」的說話法則緩和氣氛，爭取支持。小丑、相聲、喜劇演員等以逗人發笑爲業的人，在表演時都能秉持這個原則，連續不斷地製造笑料，讓觀衆樂不可支。

他們的手段、方法，不外乎使觀衆們產生一種錯覺，以爲這些表演者「絕不會這樣輕浮、瘋狂、沒有修養」，但是，他們的演出居然眞是這樣，如此突然，卻又如此自然！

巧妙運用幽默感與優越感這兩項原則，那麼即使講的是刻板嚴肅的事情，也會引人注意、妙趣橫生、讓人發笑。

親身實踐體驗，你必定同意：引人發笑，迴響更好。

9.

PART

用幽默的心情
面對不如意的事情

受到委屈的時候，
不妨幽上一默，讓得罪你的人
深深感受到你的智慧以及寬容，
也讓不了解你的人
見識到你的成熟與堅強。

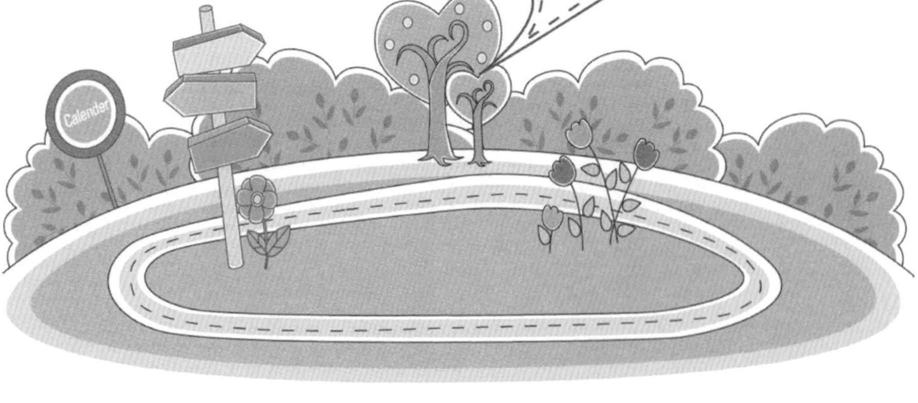

志得意滿只會曝露你的缺點

一個人如果太過自滿，就會淪為孤芳自賞，他的好只有他自己看得見，但是他的缺點，卻是人人都看得到。

印度詩人泰戈爾在《漂鳥集》裡寫道：「偉人多謙虛，小人多驕傲。太陽穿一件樸素的光衣，白雲卻披了燦爛的裙裾。」

人要勇於肯定自己，但是也別忘了時時鞭策自己。肯定自己，你才能充分的發揮你的才能；鞭策自己，你才能及時注意到你的缺失。

北宋有個自命不凡的詩人郭祥正，有一次路經杭州，順道把自己寫的一卷

詩作拿給當代大師蘇東坡鑑賞。

儘管在詩詞大師面前，這個年輕人依然表現得心高氣傲。還沒有等到蘇東坡閱覽完畢，他就已經聲色俱作地吟詠起其中的幾篇，還自認讀得感情四溢，餘音繞樑三日。

好不容易吟完了詩，郭祥正得意地問蘇東坡：「依大師看，在下這些詩作可以得幾分？」

蘇東坡不假思索，馬上斬釘截鐵地說：「十分！」

這遠遠超過了郭祥正原先預期的結果，不禁喜出望外，又接著問大師為什麼會給他十分。

蘇東坡笑著說：「你剛才吟詩，七分來自你誦讀的功力，三分來自你詩作本身，這麼加起來，不是十分又是幾分？」

一個人如果太過自滿，就會淪爲孤芳自賞，他的好只有他自己看得見，但是他的缺點，卻是人人都看得到。

人，不能永遠活在自己的世界裡。有位影星曾這麼說：「一個人在自我膨脹時，絕對看不到路邊的花；一旦拋開過度的自我，則處處美景，資源無限，到處都是你能吸收的養分。」

保持一顆謙遜的心，是人際交往的要件。記住，眞正偉大的人，一定確知自己有多麼的渺小。

用幽默的心情面對不如意的事情

受到委屈的時候，不妨幽上一默，讓得罪你的人深深感受到你的智慧以及寬容，也讓不了解你的人見識到你的成熟與堅強。

幽默是一帖有效的潤滑劑，它可以化解劍拔弩張的場面，也可以消弱一觸即發的衝突。

用幽默來化解尷尬的場面，往往會比義正辭嚴來得更有效，不光是你覺得快樂，別人也可以感染到你的熱情。既然如此，你還有什麼理由不去學習幽默的秘訣呢？

詩人石延年非常喜歡喝酒，和唐朝大詩人李白一樣，都是舉止豪放卻滿腹經綸的奇才。

石延年為人隨性，擅長幽默的對話。一次，他騎馬前去遊覽一座寺廟，不料半途中，牽馬的人一時不留神，讓馬失去了控制，突然驚跳起來。馬背上的石大學士因而不慎落馬，摔得一鼻子灰。

這下子真糗！石延年皺著眉頭，一副很痛苦的樣子。

這下子完蛋了！牽馬的人膽戰心驚，痛苦的程度不亞於石延年。

侍從人員見狀，連忙趨前把主子攙起來，扶他跨上馬鞍。旁邊的路人也不甘寂寞，紛紛靠過來圍觀，心想這官員一定會大發雷霆，這個牽馬的傢伙也一定會被罵得狗血淋頭。

沒想到，石延年坐穩以後，只緩緩地揚起馬鞭，開玩笑地對牽馬人說：「好在我是石學士，換作是瓦學士的話，豈不早就被你摔碎啦？」

心理學家說，幽默和憤怒在心理上不能共存，所以趕走憤怒的最有效方

法，就是用幽默的心情面對不如意的事情。

當你感覺到憤怒的時候，當然不會輕易原諒那個可惡的肇事者。不過，不管他有多麼不值得你原諒，繼續生氣對你來說都只是有害無利，只是把自己繼續侷限在委屈、憤怒……種種不好的情緒之上。

原諒一個人，也許會使你失去伸張正義的機會，但卻可以爲你贏得心理上的安慰和平靜。想想看，何者對你比較重要？

因此，受到委屈的時候，不妨幽上一默，讓得罪你的人深深感受到你的智慧以及寬容，也讓不了解你的人見識到你的成熟與堅強。

要騙別人，先騙自己

如果我們在現實世界裡得不到別人的肯定，那麼，虛構出一個想像的世界來騙騙自己，順便贏得別人的讚賞，難道不行嗎？

幽默作家馬克·吐溫告訴我們一個人際交往的定律：「當一個人連自己也騙不了的時候，要騙得了別人是很困難的。」

騙人的最高境界，就是要連自己也騙，相信自己說的是事實。如果你說的話連你自己都聽不下去了，別人又怎麼會相信？

這是一個非常有名的吹牛故事，有一天，喜歡吹牛的小朋友和喜歡吐槽的

小華聚在一起閒聊。

聊著聊著，小明忍不住又吹牛了，煞有介事地說：「我們家有一面鼓，大得像座湖一樣，只要一敲，聲音就能傳到百里之外。」

「這有什麼稀奇的？」小華聽了，不屑地說：「我們家養了一頭牛，他在湖的南岸喝水，頭可以一直伸到湖的北邊。」

「怎麼可能？」小明搖頭表示不信：「世界上哪有這麼大的牛？」

「如果世界上沒有這麼大的牛，請問，你們家的那面鼓又是用什麼做成的？」小華笑著說。

這叫做以其人之道還治其人之身。也許你會認爲，小明之所以露了餡，是因爲他忘了剛才自己說過的話，因此，想要成功地唬住別人，一定要牢牢記住自己先前的一言一行。

事實正好相反，一個優秀的吹牛者，一定要忘記自己正在吹牛。他必須對自己所講的話深信不疑，同時一定要在腦海中勾勒出那幅畫面，如此一來，無

論別人怎麼反駁，怎麼譏笑，他都可以搬出一大套說詞，辯才無礙地說服對方，也說服自己。

因爲，那個畫面存在在他的腦海裡，因爲，他活在自己的世界裡，因爲，他眞的看見了。

「吹牛」當然是不正確的行爲，但出發點如果不是爲了害人、坑人，卻未必是不好的行爲。如果我們在現實世界裡得不到別人的肯定，那麼，虛構出一個想像的世界來騙騙自己，順便贏得別人的讚賞，難道不行嗎？

有誠意，也要懂得表達心意

誠意固然重要，但更重要的是，要怎麼樣表達，才能使別人感受到你的心意，這就需要一點手段。

一位成功的企業家曾經說：「在現代社會裡待人處世，誠懇是本質，手段是不可或缺的工具。」

所謂「誠懇」，指的是你對人的眞心誠意，不矯揉造作，而所謂的「手段」，只是把自己的稜角磨圓的方式而已。

這位企業家還進一步解釋說：「手段，指的是策略、說話迂迴的技術、心機，以及好看的笑容。」

手段不只用來謀自己的利益，更重要的是，它可以保護對方的感情，使對方感覺舒服，免於傷害。

有個故事是說，一位客人來老朋友家裡作客，一坐就是一個下午，酒飲盡了，點心也吃了，到了吃晚飯的時間，客人還是賴著不走，大剌剌坐在那裡，一點也不識相。

主人不好意思趕客人，又不想讓客人在這裡白吃白喝，只好偷偷地潛進屋子後院的廚房吃飯，留客人在客廳裡乾坐。

豈知，一碗飯才剛扒了兩口，主人就聽到客人在外面大聲說：「好好的一座客廳，可惜許多樑柱都被蟲蛀壞了！」

主人一聽，心想這麼得了，便慌慌張張跑了出來，焦急地問：「在哪裡？蛀蟲在哪裡？」

客人意有所指地說：「他在裡頭吃，外頭怎麼能知道？」

故事中的主人翁，和朋友把酒言歡一整個下午，實在眞夠誠意了，但不懂得送客的手段，偷偷跑到廚房吃飯，反倒增加了朋友之間的齟齬，把美事變成了醜事。

同樣是送花，你把花帶回家裡交給老婆，和你特地送到她的辦公室裡，哪一種會比較令她驚喜？

同樣是請客，你請對方決定他想吃什麼，和你在一家不錯的餐廳訂好位子，特地請他過去，對方的感受是否會有所不同？

誠意固然重要，但更重要的是，要怎麼樣表達，才能使別人感受到你的心意，這就需要一點手段。做人要懂一點手段，路才走得寬廣；但是做人更要有足夠的誠意，路才能走得更長更遠。

待人寬容，才會讓自己活得輕鬆

對別人寬容一點，並不會使你失去什麼；有時候，對別人多信任一點，反而可以讓自己活得輕鬆一點。

莎士比亞曾勸諭世人：「信任多數人，不害任何人，愛所有的人。」

一個人若是能對別人寬容，就等於是留下一條道路讓自己好過。

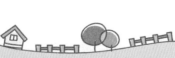

對別人的刻薄和疏失，不要老是記在心裡，而要以寬容的胸懷加以包容，否則你就會變成和對方一樣小氣尖酸。

有位受聘於吝嗇富翁的教書先生，過端午節時沒有收到主人家送來的節禮，

於是問學生：「你父親為什麼沒有送節禮？」

學生被問得一頭霧水，只好回家轉告父親。這父親是厲害的角色，輕描淡寫地說：「你回去告訴先生，就說父親忘了。」

隔天，學生照父親所說的話回覆先生。這個教書先生也不是省油的燈，只見他捻了捻鬍子說：「這樣好了，我出一個對子讓你對，如果對得不好，我就一定要懲罰你。」

接著，先生出題道：「漢有三傑，張良、韓信、尉遲恭。」

學生對不上來，又擔心被懲罰，只好回家去向父親求救。

父親聽了，告訴兒子：「你去對先生說，這個對子出錯了，尉遲恭是唐朝人，不是漢朝人。」

學生照樣回去稟報了先生。先生聽了，冷笑著說：「你父親連幾千年前的事都記得這麼清楚，怎麼就忘了前天的一個端午節呢？」

人如果太計較得失，心胸就會狹隘，眼界就會淺薄，人與人之間就會變得

勾心鬥角。這樣的人不管擁有多少，生活終究也是辛苦寂寞的。

有時候，對別人寬容一點，並不會使你失去什麼；有時候，對別人多信任一點，反而可以讓自己活得輕鬆一點。

善意是互相的，如果想要別人對你好，你必須自己先對別人好；想要別人給你一個擁抱，你必須先張開自己的兩隻手。

說完真話，要懂得適時裝傻

做人圓融，人生就得以圓滿。該說的話一定要說，但是說完了以後，也要留給別人一點說話的餘地。

馬克·吐溫曾說：「有些人相信誠實為上策，這是迷信，因為，有時候假裝老實，要比真正的老實要強好幾倍！」

的確，有些人寧願你用「假老實」來騙他，也不願意你用「眞老實」來傷他，因爲，有時候「老實」是一種頗傷人自尊的「心靈毒品」。

某人請客，非常擔心客人把自己喝窮，所以交代底下的僕人，在客人桌上一律擺放最小尺寸的杯子。

一名客人看穿了主人心裡打的算盤，故意舉起酒杯，發出嗚咽的聲音，主人便問他原因。

他煞有其事地說：「沒事，我只是見物傷情而已。去年我哥哥去世的時候，身體健壯得很，只是因為朋友請他喝酒，用的酒杯跟府上這個一模一樣，他手一滑，不小心把整個杯子誤吞了下去，活活噎死了。今天見到這個酒杯，我怎麼能不傷心？」

主人無奈，只好讓人去換了較大的杯子，但還是交代底下的人，斟酒時只需斟五分滿。

誰知，這名客人仔細端詳手中的酒杯，又有感而發地說：「這個杯子應該要截去一半。」

主人驚問為什麼，他回答說：「既然它的上半截閒置著不用，留它做什麼？」主人明白他的意思，只好命人把酒斟滿。

一餐飯下來，這名客人花樣百出，令主人非常感冒。這名客人也不是不會

看人臉色，飯後，主人送客，來到門口時，客人問：「我剛才到府上來時，看見門上掛著一幅山水畫，現在怎麼不見了？」

主人說：「我這裡從來沒有掛過山水畫。」

客人聽了，露出恍然大悟的神情，說：「啊……我搞錯了，是我家裡的門上才掛著山水畫呢！我是在家喝醉了才來的，所以頭昏眼花，還一直把你這兒當作是我家呢！」

聽到客人這麼一說，原本氣得快火山爆發的主人心生體諒，一整晚所累積的不滿全都煙消雲散了。

莎士比亞曾經寫道：「任何彰明昭著的罪惡，都可以在外表上裝出一副道貌岸然的模樣。」

其實，一個高明的僞君子，不會在一切可能的場合，施展自己的僞善功夫，這些僞君子最厲害的地方在於，在所有不重要的事情上，沒有人能比他更公正、更老實、更坦率、更高尚。

越是有智慧的人，越懂得如何適時裝傻。

如果讓對方吃了有形的虧，就應該還他一點無形的快樂；如果讓人失了面子，就應該給他戴上高帽子。

做人圓融，人生就得以圓滿。該說的話一定要說，但是說完了以後，也要留給別人一點說話的餘地。

靈活運用身邊的資源

研究聰明人做過什麼事，能夠讓聰明的人變得更聰明，讓不聰明的人變得有自知之明。

英國著名的辭典作家約翰遜曾經對天才下定義說：「天才，就是蒐集、綜合、發揮和激勵旁人的能力。」

他告訴我們，聰明的人不見得擁有比別人更多的資源，他們只是不會放過身邊任何一項可以利用的資源，然後加以巧妙運用。

清乾隆年間，京城裡的工部衙門失火，皇帝命令大司空金簡召集所有的工

人重新整修。朝廷中某位有才氣的官員聽聞此事，寫出一句上聯，叫做：「**水部火災，金司空大興土木。**」

短短的一個句子中包含了「水、火、金、土、木」五行，實為對聯的極至，因此，很久一段時間都沒有人能順利地對出下句。

當時，朝廷有某個中書科，長得高大魁梧，雖然出身南方，卻有著北方人的體魄，經常以此自豪。為了解決這個惱人的對聯，他特地前去請教著名的才子紀曉嵐，要求他對出下句來。

紀曉嵐不懷好意地笑了笑，對他說：「要對出下句並不難，只是說出來恐怕會得罪先生您。」

這名中書科連忙賠著笑臉，對紀曉嵐說道：「沒關係，沒關係，只要你對得漂亮就行了。」

於是，紀曉嵐清了清嗓子，說：「**南人北相，中書科什麼東西。**」

這個下句包含了「東、西、南、北、中」，恰恰與「水、火、金、土、木」配合得天衣無縫。不管中書科是不是東西，此時都不得不佩服紀曉嵐果真不是

個簡單的東西。

能夠罵對方而且還得到對方尊敬的，需要多麼高深的才學修爲？能夠心懷鬼胎而且還談笑自若的，需要多麼圓滑的聰明機智？

培根曾經說過：「研究歷史能使人聰明，研究詩句能使人機智，研究數學能使人精巧，研究自然哲學能使人深遠，研究道德使人勇敢，研究理則與修辭學使人知足。」

或許，我們都欠缺紀曉嵐這樣的才學修爲和聰明機智，但是，至少我們可以學會靈活運用身邊那些可以利用的資源。研究聰明人做過什麼事，能夠讓聰明的人變得更聰明，讓不聰明的人變得有自知之明。

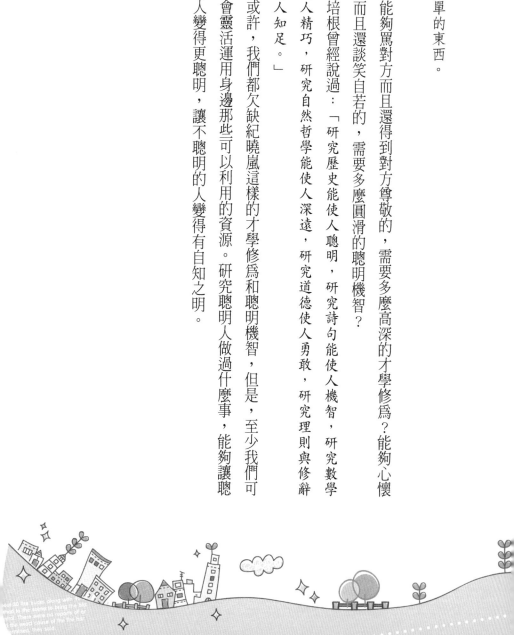

何必迎合別人的行為準則

有人喜歡你，也絕對會有人看你不順眼。一個人不可能符合所有人的要求，當然也沒必要迎合別人的價值觀念和行為準則。

文學家魯迅提醒我們：「做人處世的法子，恐怕要自己斟酌，許多別人開來的良方，往往只不過是廢紙。」

確實如此，每個人都有自己奉爲圭臬的價值觀念和處世準則，不必硬要將一些不適用的標準套到自己身上。

所謂「道不同不相爲謀」，不過，人有千百種，道路卻總是那幾條，儘管彼此不相爲謀，但也難免狹道相逢。

在路上遇見你不想見的人，你應該怎麼辦？

一次，觀音菩薩和習慣遊戲人間的呂洞賓在天上巧遇，觀音菩薩便告誡呂洞賓說：「當初，你三度醉倒在岳陽樓，這就是貪酒；私自渡化何仙姑，這是好色；你在鼎州賣墨，這是貪財；你用飛劍斬黃龍，這是尚氣。不過，這都是從前的事了，你現在既然成了仙，還不趕緊戒除酒色財氣！」

呂洞賓聽了，不以為意，反倒指責觀音說：「你這個人根本就是說一套做一套，如果你不好酒，為何旁邊擺著淨瓶？你說你不好色，那麼養這些金童玉女是為了什麼？如果你真的不貪財，為何要全身金妝？既然你不尚氣，那有何必降伏大鵬呢？」

呂洞賓的話句句命中觀音大士的要害，觀音被數落得百口莫辯，一氣之下，便隨手拿起身旁的茶盞、淨瓶，狠狠地朝呂洞賓擲去。

呂洞賓見狀，微微把腰一彎，輕易地躲開了觀音的攻擊，笑著說：「就憑你這一瓶兩盞，豈能將我打倒！」

哲人波普曾說：「不要顧慮他人的責難，也不要熱中名利；喜歡聽別人的讚美，但不要畏懼別人的怨言；迴避別人的阿諛，但是不要禍罪於人；不怕有過，但要知過必改。」

連天上的神仙也不可能十全十美，區區凡人又怎麼可能是完美的呢？有人稱讚你，也一定會有人責怪你；有人喜歡你，也絕對會有人看你不順眼。一個人不可能符合所有人的要求，當然也沒必要迎合別人的價值觀念和行爲準則。

既然知道了這個道理，那麼，有人不符合你的要求，老是故意和你作對，你又何必把這點不愉快的小事放在心上呢？

PART 10.

懂幽默，沒有難關不能過

在工作中恰如其分地運用
幽默的語言與他人溝通，
那麼還有什麼問題
不能迎刃而解呢？

如何才能牽著上司的鼻子走？

仔細觀察揣摩上司的心理，以有效的方法讓上司採納並實施自己的建議，不僅能打好與上司的人際關係，也可以為團體做出很大的貢獻。

華西里也夫斯基曾一度當上蘇聯第二次世界大戰大本營的總參謀長。

在第二次世界大戰中，蘇聯最高領導人的史達林由於過度強調自我，難以接受別人的意見。

「唯我獨尊」的個性，使他不允許世界上有人比自己更高明。

但是，他卻在不知不覺中，採納了華西里也夫斯基提出的正確計劃，進而發揮傑出的作用。

在史達林的辦公室裡與史達林的「閒聊」當中，華西里也夫斯基往往「不經意」地「隨便」談到軍事問題，既不慎重其事，也不頭頭是道。

奇妙之處就在這裡，華西里也夫斯基剛走，史達林便會想出一個好的計劃，而且不久便在會議上發表。

大家都驚訝史達林的「深謀遠慮」，紛紛稱讚，史達林自然十分高興。

華西里也夫斯基則和大家一樣表現出驚奇，好像從來沒有聽說過這個計劃，並且和眾人一起表示折服。

在軍事會議上進言，華西里也夫斯基的方法更讓人啼笑皆非。

因為華西里也夫斯基的座位通常很靠近史達林，所以他在講話時，不但口齒不清，用詞不當，前後無條理，連聲音也不清晰，好像只小聲說給史達林一個人聽似的。

而且他總是先講幾項正確的意見，之後再畫蛇添足地講幾項錯誤的意見。

在講正確意見時，他的聲音細小如蚊，只有史達林聽得見；講到錯誤的意見，

卻條理清楚、聲音洪亮且振振有詞，讓錯誤意見的荒謬性昭然若揭。

等到史達林定奪時，當然是先毫不留情地批評他的錯誤意見，往往是痛快淋漓。接著，史達林再逐條逐句、清楚明白地闡述自己的決策，這決策實際上正是華西里也夫斯基那段含糊不清的幾點正確意見。

就這樣，「受虐狂」華西里也夫斯基每次被痛斥一頓之後，意見就成功移植到了史達林心裡，變成了史達林的意見並付諸實施。

從華西里也夫斯基的妙招中，我們不難看出他懂得在不計個人得失的前提之下，仔細觀察揣摩上司的心理，以有效的方法讓上司採納並實施自己的建議，不僅能打好與上司的人際關係，也可以爲團體做出很大的貢獻。

靠技巧讓上司採納建議

向上司貢獻意見的最好方法是避免他人在場，悄悄將自己的意見或建議「移植」到他的心中。

一般上班族，如果有好的建議和計劃，通常會想要貢獻給上司。

但是，在獻策的時候，往往會遇到以下情況——經過自己潛心研究、周密的思考，且確信是極爲合理的計劃和建議，卻未受應有的重視，甚至遭到拒絕，讓人感到非常苦惱。

在這種狀況下，最容易和上司發生口角衝突，相互批鬥之際口出惡言。如此一來，上司更加不可能採納你的建議。

如何讓上司採納自己的意見？如果沒有一個知人善用的上司，往往會讓自己覺得不得其門而入。

讓我們來看看美國第二十八任總統伍德羅．威爾遜的助理豪斯，是如何讓上司採納自己的建議。

威爾遜總統有才能但自負，對別人的意見往往瞧不起，不是不採納就是根本不理睬，這使許多在他身邊工作的人都感到挫敗，覺得任何新的意見都被他毫不留情地拒之門外。唯獨一個人例外，就是威爾遜的助理豪斯。

豪斯與總統工作時有一件事讓他領略到，要向這位總統貢獻意見的最好方法是避免他人在場，悄悄將自己的意見或建議「移植」到總統的心中。一開始使總統不知不覺地感興趣，然後，設法使這意見或建議變為總統的「創意」公諸於眾。

原來，有一次，威爾遜總統單獨召見了豪斯。明知總統不容易接納別人的建議，但他還是盡己所能，清楚明瞭地陳述了一項政治方案。

這個建議經過苦心研究所得，而且相當切實可行，所以豪斯在陳述時理直氣壯。然而他的理直氣壯並未打動總統的心，得到的是與其他同事一樣的命運。威爾遜聽完後，當即表示：「這樣吧！當我願意再聽一次廢話的時候，我會再請你光臨。」

但數天之後的一次宴會上，豪斯很吃驚地聽到，威爾遜總統正在把他數天前的建議作為自己的見解公開發表。

善於觀察的豪斯，便由此得出向自負的威爾遜總統貢獻意見或建議，並得到採納的最好辦法，他稱之爲「種子移植法」。

他說：「我不願意說那些計劃是我的。我的計劃充其量只是一顆樹種，要長成大樹，必須要有土壤、水分、空氣和陽光，只有總統才有這些條件，把樹種變成大樹。公平地說，我只不過把種子移植到總統的心中。」

在威爾遜執政期間，豪斯都採用這種簡單有效的「種子移植」策略，並普遍得到了採納。

例如，一九一四年春季，豪斯奉命趕赴法國進行外交接洽。

臨行前，他將自己的計劃向威爾遜總統做了報告，原則上得到了總統的同意，但態度相當謹慎，距離被正式批准尚遙遙無期。

豪斯抵達巴黎後不久，就寄回他和法國外長的談話記錄。

在談話中，豪斯將自己想的計劃說成「總統的創見」，並得到法國外長的熱烈讚揚。結果正如豪斯所料，看完記錄，威爾遜總統毫不猶豫地批准。

計劃的實施對兩個國家都帶來了巨大的利益，豪斯爲自己發揮的作用由衷感到高興，同時威爾遜總統也更加欣賞豪斯，對他更加器重。

這就是豪斯的「種子移植」效應。

與其數落，不如「壞話好說」

學著「壞話好說」，圓融人際關係，是下屬必修的一堂課。除了平時在工作上協助上司之外，適地阻止上司犯錯，也是應盡的職責。

想與上司保持好的關係，首先要摸清他的性情。

生活在激烈競爭的時代，應謹愼行事，作爲別人的下屬，更應該了解上司的性格特點及爲人處事的方式，如此才能夠協調雙方的關係。

只要細心、認眞地觀察分析，一定可以很快發現上司的特點，採取相應的措施來應對，好好地相處，更有效地做好工作。

以下簡略地介紹幾種常見的上司特徵：

• 極權型的上司

這類型的上司，除了對於下屬的工作一一過問，甚至連私事也不放過。任何事都想插手，可以說將你當成他的私人財產，這不准，那不准，不准跟其他部門的同事來往，不准閒暇時間和同事閒聊，意見極多。

對於這樣的上司，首先要堅持自己的原則，完成工作以後的時間應該完全由自己支配；平時和同事交往要以不影響工作爲標準。高明的做法，是和同事們一起爭取適度的自由和主動權。如果上司問及，可以據實相告，姿態閃躲、言詞閃爍、反而會讓上司誤以爲你做了什麼壞事，更加起疑。

坦誠相待才能好好相處，切忌在上司背後說三道四，以免留下後遺症。

• 自身不正的上司

有些上司律己不嚴，還牽連下屬，例如上司不鎮守崗位，致使一些文件未能及時批閱，背黑鍋的往往是下屬。

遇到這類上司，不論用何種方式，如何「建言」都對己不利，所以最好儘

量詳細地記錄上司不在時發生的事和找他的電話，等他出現立刻逐一報告，讓他立刻著手進行工作，以免延誤。

・公私不分的上司

這類上司比較多，他們往往喜歡玩弄手中的職權，讓下屬幫忙做私事。對於這類上司，最好是在不影響前途的前提下，婉轉拒絕。一而再，再而三，久了他便會知難而退。

・完美主義型的上司

雖然追求完美是人的天性，但若遇到性格刁鑽的上司，一定要注重小細節，做事保持認眞謹愼，儘量避免犯錯。此外，應盡可能讓上司信任。一旦對你產生了信賴感，這類上司就不會把芝麻小事放在心上。下面就是一個很好的例子：

戰國時，齊景公的馬夫養死了馬，景公大怒，想殺了馬夫洩恨。

晏子立刻阻擋說：「這樣他死了也不知罪，先讓我把他罪在何處告訴他，讓他死得心服口服。」

景公答應了。晏子開始數落馬夫道：「你為陛下養馬卻失職，死罪一！你使陛下因馬而殺人，死罪二！你使陛下因馬殺人的名聲傳遍天下，死罪三！」

景公頓悟，馬上阻止：「快放了他，不能因他而壞了我的仁德之名。」

晏子的話都是反語，結果當然完全相反。表面上闡述馬夫殺馬之罪，實際上是爲馬夫開脫罪責，使齊景公心中有愧，從善如流。

機智的晏子從反面說明了此事如此處理的嚴重後果，使景公恍然大悟，既不失顏面，又救了馬夫一命，可謂一箭雙雕，這番表現，自然讓景公日後對他更是信任有加。

學著「壞話好說」，圓融人際關係，是下屬必修的一堂課。除了平時在工作上協助上司之外，適地阻止上司犯錯，也是應盡的職責。

懂幽默，沒有難關不能過

在工作中恰如其分地運用幽默的語言與他人溝通，那麼還有什麼問題不能迎刃而解呢？

如果想將協調工作做好，在社交中如魚得水，就必須善用好的談吐及得當的幽默。它們宛如潤滑劑，使社交暢通無阻。

一板一眼的人在他人的眼中毫無魅力可言，幽默可以讓人擁有更多朋友，使事業如同行雲流水般舒展。

英國演說家迪克·史密西斯，有一回企圖說服電力供應業的董事長們聯合

起來，成立更大、更有效率的部門。

他事先已經知道與會者對此不屑一顧，所以一開始便說：「今天在黎明前，我離開威靈頓的家。到達機場時四周仍一片漆黑，機場上竟沒有其他旅客。驗過票後我進入走廊，此時我感到迷惑，因為我看不到其他旅客。登上手扶梯，走進空蕩蕩的機艙裡坐了下來，我開始感到奇怪，是不是哪裡出了差錯？」

「不一會兒，一位空中小姐出現。『旅客們都在哪兒？』我問道。她聳了聳肩說：『全在這兒了。』於是我孤零零地坐在那兒，暗自想道：『我知道我不受歡迎，但也不至於這樣……』」

董事長們一下子被這段引言逗笑了。接著，他又就自己不受歡迎這件事大作文章，直到聽眾無拘無束地鬆懈下來。

很顯然，剛才的一番話他消除了聽眾的反抗心理。

名作家吉卜林在向英國一個政治團體發表演講時，竟引得全場聽眾捧腹大笑，他說：「各位女士先生們，我年輕時曾在印度當記者，專門替一家報社報導犯罪新聞。這是很有趣的一項工作，因為它讓我認識了一些騙子、詐騙犯、謀殺犯以及一些極有進取心的正人君子。」

「有時候，我報導了他們被審的經過之後，會去監獄看看這些正在服刑的老朋友。我記得有一個人因為謀殺而被判無期徒刑，他是位聰明、說話溫和有條理的人，他告訴我一段『生活的教訓』，他說：『以我本人作例子：一個人一旦做了不誠實的事就難以自拔，一件接著一件不誠實的事一直做下去。直到最後，他會發現，必須將某人除掉才能使自己恢復正直。』唉！目前的內閣正是這種情況。」這番話讓聽眾們大笑起來。

吉卜林玩笑性地圍繞著準備進入的政治話題，渲染一些近乎怪誕的趣事，藉此進一步建立起自己的溝通點。

如果能夠在工作中恰如其分地運用幽默的語言與他人溝通，達成共識，那麼還有什麼問題不能迎刃而解呢？

以上的故事，就是最好的明證。

寬以待人，處世更平穩

謹記「寬以待人」的處世原則，和諧的人際關係和高超的處理能力能幫祝你早日成為一個成功的工作者。

管理階層如果明瞭「糖衣有助於嚥下一口苦藥」這句話中，「糖衣」可能扮演的作用，就會懂得讓部屬保住面子，是多麼重要的管理方法。除此之外，還可以用鼓勵代替斥責，這會使你成爲一個人際關係圓融穩健的管理高手。

批評別人之前，如果能反省一下自己的缺點和過失，就能讓提出的批評更易於爲人接受。

正如卡內基所說：「如果批評者在開始的時候，謙卑地承認自己並非沒有

缺點，那麼他的批評將不那麼逆耳。」

比如，當一個好部屬變成了一個不夠好的部屬時，你會怎麼做？

你當然可以解雇他，但這並不能解決任何問題；你也可以大加責罵，但這常常只會引起怨恨。

漢森是一家卡車經銷公司的服務經理，他的手下有一個工人，工作品質每況愈下，情況很糟。

漢森沒有對他怒吼或威脅，而是把他叫到辦公室裡，坦誠對談。他說：「你原本是個很棒的技術人才，在這條線上已經工作了好幾年，你修的車子也都令顧客很滿意，有很多人都稱讚你的技術很好。」

漢森又說：「可是最近你完成一件工作需要的時間加長了，而且品質也比不上以往水準。你以前真是個傑出的技工，我想你一定知道，我對現在這種情況不太滿意。也許我們可以一起想辦法，改正這個問題。」

對方回答他並不知道自己沒有盡好職責，並且向上司保證他所接的工作並

未超出自己的能力之外，他以後一定會改進。

那麼，事後他做到了沒有？可以肯定，他做到了。他曾經是一個優秀的技工，為了經理給予的讚賞，怎麼會做得不如過去？

當然，我們在圓融待人的同時，還要精進溝通技巧，如此不僅可以換得員工的忠誠，也可讓事情圓滿解決。

作為管理人員，應該在坦誠待人和處事的同時也注意其他方面，諸如從實際出發，實事求是，不以己好為標準……等等，以策略性的手段靈活運用，圓融人際，處理好每一項工作。

在日常工作和生活上，每個人都有自己的方法和個性特點。對別人的短處應避免挖苦，也不要以嚴厲的態度對待他人，以免遭到怨恨。

要避免無益的煩惱困擾，關鍵在於寬以待人，處理好同事之間的關係。謹記「寬以待人」的處世原則，對自己的工作將會大有幫助。和諧的人際關係和高超的處理能力，足以幫祝你更上一層樓成為一個成功的工作者。

要聰明，不要被聰明所誤

無論對任何人、任何事，開口說話之前，千萬記得提醒自己：

要比別人聰明，但不要告訴人家你比他更聰明。

伶牙俐齒並不算眞正會說話，所謂的說話高手，必定還具備一種能力——以言語激勵、成就他人之美。

法國哲學家羅西法有句名言說：「如果你想要得到仇人，就表現得比你的朋友更優越吧！」

爲什麼這句話是事實？因爲當朋友表現得比我們優越時，他們會產生一種自己是重要人物的感覺，但是當我們表現得比較優越時，他們就會產生一種自

卑感，導致嫉妒情緒。

讓我們來看看接下來的這則故事：

某段時間，美國紐約市中區人事局最得人緣的工作介紹顧問是亨麗塔，但她並非一開始就擁有極好的人緣，甚至初到人事局的頭幾個月，在同儕間連一個朋友都沒有。

你必定感到疑惑，這是為什麼呢？

因為每天她都在使勁吹噓自己的工作成績、新開的戶頭裡的存款數字，以及她所做的每一件事情。

「我工作做得不錯，並且深以為傲。」亨麗塔對成功大師拿破崙．希爾說：「但是，我的同事不但不分享我的成就，還表現得極不高興。我感到很難過，因為自己是如此渴望這些人能夠喜歡我，希望與他們成為好朋友。」

「在聽了你提出來的建議後，我開始少談自己，多聽同事說話。我發現他們其實也有很多事情渴望吹噓、分享，且因為我願意聆聽而感到興奮不已。現在，每回有時間在一起閒聊，我都會讓他們把歡樂告訴我，只在他們問我的時候，才稍微說一下自己的成就。」

想要在人際相處中左右逢源，首先得培養出聆聽的態度和雅量，再來，要提醒自己：不要在言語上表現得太「聰明」，尤其當對方犯錯時。

切記，無論採取什麼樣的方式指出別人的錯誤，一個蔑視的眼神，一種不滿的腔調，一個不耐煩的手勢，都有可能帶來難堪的後果。

你以爲對方會心悅誠服地同意你所指出的錯誤嗎？絕對不會！因爲你否定了他的智慧和判斷力，打擊了他的榮譽感和自尊心，同時還傷害了他的感情。他非但不會改變自己的看法，還會想要狠狠地展開反擊，這時，無論你再搬出多好聽的言詞彌補，可能都無濟於事。

永遠不要說這樣的話：「看著吧！你會知道誰對誰錯的。」因爲這等於在說：「我比你更聰明、更優秀。」實際上，等同於一種挑戰。

在你還沒有開始證明對錯之前，對方已經被激怒並準備迎戰了，這對解決問題有什麼幫助？爲什麼要爲自己增加困難呢？

某位年輕的律師，參加了一個案子的辯論，因為案子本身牽涉到大筆資金，可說相當重大。

辯論過程中，最高法院的一位法官突然對這位年輕律師說：「海事法追訴期限是六年，對嗎？」

他當即愣了一下，接著轉頭以驚訝的眼光直視法官，率直地說：「不！庭長，海事法沒有追訴期限。」

後來再回顧，這位律師說：「當時，法庭內立刻靜默下來，似乎連溫度都降到了冰點。雖然我是對的，也如實地指了出來，法官卻沒有因此而高興或欣慰，反而臉色鐵青，令人生畏。」

「為什麼呢？答案顯而易見，儘管事實站在我這邊，我卻因為不會說話而鑄成一個大錯，居然當眾指出一位聲望卓著、學識豐富的人的錯誤。」

是的，這位律師確實犯了一個「比別人正確」的錯誤。

在指出別人錯誤的時候，我們必須把話說得更高明一些。無論對任何人、任何事，開口說話之前，千萬記得提醒自己：要比別人聰明，但不要告訴人家你比他更聰明。

對自己的成就輕描淡寫，抱持謙虛態度，必定最受歡迎。

高明的道歉技巧

察覺到自己罵人罵得太過分，若決定道歉，就該馬上去做，因為時間的長短與道歉的效果成反比，越早設法彌補，成效越好。

有一回，美國總統羅斯福在記者招待會上斥責一名記者，但他馬上察覺到自己把話說得太重。事後，記者主動表示歉意，說自己前晚不該玩牌到凌晨四點，以致今天精神不佳。

想不到羅斯福卻說，撲克牌真是有趣的好玩意，自己已經好長時間沒和朋友一起玩了，實在懷念得很，且馬上要求秘書去張羅一頓自助晚餐兼牌局。

放眼世界各國，很少有政府官員能和媒體記者建立起良好的互動關係，羅斯福可說是其中的佼佼者。

看完以上事例，相信你必定會同意，他具備了相當高明的說話技巧。

羅斯福能訓人，也能反省自己是否做得太過分，並真誠、主動地表示歉意。這提醒了我們：該道歉的時候，爲何不能坦然低頭認錯？高明的言語技巧加上誠懇友善的態度，絕對是讓你在任何環境都無往不利的關鍵。

當然，當我們道歉時，也可能會碰上對方不原諒、碰了釘子下不了台的窘況，這時候，該用什麼樣的態度應對？

首要應認清一點，既然是自己錯了，對方會生氣當然合情合理，苦果還是由自己吞下爲好。

其次，應該藉積極的分析找出原因，也許是因爲自己道歉的方式、場合等不太恰當，導致了不理想的情況。

道歉並非恥辱，而是真摯誠懇且富教養的表現。

道歉是値得尊敬的事，不必奴顏卑膝。要告訴自己：想糾正錯誤是堂堂正正的事，何羞之有？

察覺到自己罵人罵得太過分，若決定道歉，就該馬上去做，因爲時間的長短與道歉的效果成反比，越早設法彌補，成效越好。

道歉認錯和遺憾經常被混淆，但實際上，兩者的概念截然不同。如果自己沒有錯，則不必爲了息事寧人輕易認錯。沒有骨氣、沒有原則的做法，不可能帶來多少好處。

敢於道歉是一種勇氣，也是有教養的表現，道歉能使友人和好、化敵爲友；也能使陷入僵局的人際關係重新獲得進展；更能使家庭和睦、彼此愉快、工作順利、同事融洽相處。

它是一種高明的說話技巧，人際關係中必不可少的潤滑劑。

罵人之後要懂得如何安撫

羅斯福不僅會罵人，罵人之後更懂得如何安撫人。這種技巧可以使雙方瀕臨破裂的關係，順利地在玩笑中重獲肯定。

道歉，是一門值得鑽研的說話藝術。

衷心道歉不但可以彌補破裂的關係，還可以增進感情。當他人對自己表示出誠摯的歉意，誰能不感動？

原諒別人的錯誤能清除心中的怨恨情感，寬恕不僅僅是美德，更對健康、對情緒都大有好處。

真正的道歉不只是認錯，也等於承認自己的言行破壞了彼此的關係，而這關係的重要性非同小可，所以希望能重歸於好。

美國總統羅斯福相當善於處理和新聞記者的應對進退，一回，《紐約時報》派記者貝賴爾駐白宮，按照慣例，白宮新聞秘書引他來謁見總統，「總統先生，您是否認識《紐約時報》的菲力克斯·貝賴爾？」

只聽見一個渾厚有力、充滿自信的嗓音傳來：「不認識，我想我還沒得到那份快樂。不過，我讀過他的東西。」

這說句話確實說得非常好，「我讀過他的東西」，對一名記者，絕對是極大的肯定。毫無疑問，透過短短一句話，羅斯福巧妙地在彼此初次見面時創造了良好的氣氛。

但在某些時候，羅斯福也會不留情面地罵人，幸而他懂得補救，用言語彌補裂痕，重新建立關係。

一次，羅斯福在記者招待會上進行長篇演講，措辭激烈，貝賴爾卻在底下打起了瞌睡。

只見羅斯福突然停下來，大聲吼道：「貝賴爾，我才不在乎你代表哪家報紙，但既然在這兒，你就得做筆記！」

不難想見，對貝賴爾來說，美國總統對自己大吼大叫，使他難受得簡直想找個地洞鑽下去，或是衝上講台把羅斯福揪下來，但他什麼也不能做，只能非常難堪地忍耐著。

衝突歸衝突，招待會結束後，羅斯福仍然如慣例般和記者一同談笑，簡短地交換意見，相互之間毫無拘束地閒聊，氣氛極為融洽。他甚至突發奇想為記者取綽號，說貝賴爾應該叫「魯漢」，因為像《紐約時報》那樣嚴肅的報紙，內部應該要有一個叫「魯漢」的人。

羅斯福不僅會罵人，罵人之後更懂得如何安撫人。這種技巧可以使雙方瀕臨破裂的關係，順利地在玩笑中重獲肯定。

作家卡莉曾經：「想要罵人並不困難，但是想讓被你罵的人，在被你罵之後，還對你頻頻感謝，就不是一件簡單的事。」

的確，最高明的罵人方式，就是當你迎頭痛?對方之後，對方非但不會跟你翻臉對罵，還對你感謝在心。

重點就在於，當你指著別人的鼻子痛罵之前，是否懂得先站在別人的立場著想，以及是否懂得先幫對方預留一個下台階。如此，即使對方被你罵得狗血淋頭，也會認爲你是爲了他好，才不得不開口罵人。

11. PART

適時退讓，才不會兩敗俱傷

事無十全十美，沒有人能永遠勝利；
我們必須懂得取捨，
因為什麼都想要、什麼都強求的人，
往往最後什麼都得不到。

別被莫名其妙的小事情影響心情

當我們面對自大自誇之徒時，不妨試著跟他們一起嬉笑怒罵一番吧！可別因為莫名其妙的人影響了自己的好心情！

布威爾．李頓曾說：「與愚鈍的人在一起要說廢話；與無知的人在一起，要誇口；與睿智的人在一起要表現出很謙卑的樣子，並詢問他們的意見。」

喜歡自吹自擂是蠢蛋的特徵，對於他們的話題，如果你認認眞眞地對答，搞不好會被他氣死。

最痛快的方法，當然是要拋卻常理，用唬弄壓過唬弄啦！

用幽默詼諧的方式看待人間百態，不僅能讓自己輕鬆愉快，更可以在風趣

的言談中，輕而易舉地化解那些惱人的事情。

有一位德州佬到澳洲農場玩，農場主人很自豪地帶他參觀麥田。只見這位德州佬態度高傲，囂張地對主人說：「我們德州最小的麥田都比你的大四倍！」

接著，農場主人又帶他看牛群，德州佬又囂張地誇口：「我們德州的羊還比你們的牛大一倍！」

不久之後，有一群袋鼠經過，這幅景象讓德州佬看得眼球都快要掉出來，一句話都說不出口。

這時，輪到農場主人囂張地說：「你們德州沒有這麼大的蚱蜢吧？」

有些人腦袋裡裝的東西，足以讓有「常識」的「正常人」瞠目結舌，不知如何應對；就像笑話中的德州佬，認爲自己家鄉的東西永遠最大最好，別的地方怎麼樣都比不上。

這種觀念既然已經形成，想要改變，可不是一朝一夕就能成功的，與其怒氣沖沖地爭辯，不如就像澳洲農場的主人「以毒攻毒」，就算氣不到他，也能讓自己一笑置之。

要用這種「跟什麼人說什麼話」的應對方式，當然也得看清楚說話的對象。就像布威爾所說的，若是面對智者，我們不但應該嚴肅以對，更應虛心求教。因爲在眞正有學問、有智識的人眼中，自大自誇根本是班門弄斧，反而什麼優點都學習不到。

不過，面對自大自誇之徒時，不妨省下跟他們爭論「事實」的精神，試著跟他們一起嬉笑怒罵一番吧！

可別因爲莫名其妙的人影響了自己的好心情！

適時退讓，才不會兩敗俱傷

事無十全十美，沒有人能永遠勝利；我們必須懂得取捨，因為什麼都想要、什麼都強求的人，往往最後什麼都得不到。

有句話說：「看透了得與失的人，才能獲得成功。」

什麼樣的「得」是眞正的獲得？如果事事都爭先好勝、什麼都想要抓在手裡、一次都不肯退讓，這樣的人最後能「得到」什麼？恐怕得了小利，卻反倒失去大益；得到了不重要的，卻把最重要的東西給輸掉了。

某天，小軒正在獵鴨子，好不容易射到一隻鴨子時，鴨子卻掉到隔壁小瑞的院子裡。

小軒爬過籬笆要撿他的獵物，但目睹一切的小瑞卻拿著獵槍大聲地說：「喂，看看這裡，鴨子是我的耶。」

小軒回答：「鴨子是我射到的，應該是我的。」

小瑞依舊堅持：「牠掉在我的地方，應該是我的。」

就這樣，他們一直爭論著鴨子的所有權歸屬。

過了一會兒，小瑞提出一個建議：「我們應該以傳統的方法來決定。」

小軒問：「什麼是傳統的方法呢？」

小瑞解釋：「首先，我踢你的老二。然後你再踢我的老二，像這樣互相對踢，直到一方認輸，贏的人就可以得到鴨子。」

願意做任何事換回鴨子的小軒，二話不說，便同意了這項競賽。

只見小瑞把腿往後伸直，使盡吃奶的力量往小軒的老二狠狠一踢。

痛不欲生的小軒頓時倒地呻吟哀嚎。過了十分鐘之後，他終於站起來，沙啞地說：「現在換我了。」

沒想到小瑞卻笑著說：「喔，我認輸，鴨子是你的了，你拿走吧！」

顯然，小瑞並不是眞的那麼想要那頭鴨子，不過是看準了小軒爭強要勝的心態來佔他便宜。

而小軒卻爲了一頭鴨子寧願被狠踹要害，這是値得？還是不値得？

對我們而言，什麼是最重要的？

這個問題的答案多半因人而異，家庭、親情與愛情、金錢與地位、富足的生活、權勢；或者是工作、宗教、信仰、自我滿足、成就感……等，這些都可能成爲答案。

然而事無十全十美，沒有人能永遠勝利，我們必須懂得取捨，因爲什麼都想要、什麼都強求的人，往往最後什麼都得不到。

懂得在適當的時候退讓，才是最聰明的人。一個人若不知道什麼時候該把手張開向天，握緊的拳頭裡通常抓不住多少沙子，到頭來，什麼都留不住。

小心用善意包裝的魔掌

如果不懂得在非常時期拿出非常的意志與冷靜，在意志不堅，亟待援手的時刻，很可能就會判斷失策，犯下更大的錯誤。

趁人之危、趁火打劫，可以說是最是卑劣的一種行爲。

當一個人身遭大難的時候，不但不幫助他，反而還趁機落井下石，在他身上謀求剩餘的好處、僅存的利用價值，比起明刀明槍地去搶劫別人，更多了幾分卑鄙。

美國政治家富蘭克林就曾說：「惡行知道自己很醜陋，所以往往戴了假面具。」因此，對於那些向你伸過來的「援手」，需要小心再小心，因爲，那可

能是「魔掌」！

阿玲是一位村姑，從小就被人收養，一心想要尋找生父。可是，她只知道父親的名字，沒看過父親，茫茫人海要去哪裡找呢？

朋友告訴她可以利用電台廣播，可是費用非常貴。

阿玲明知機會渺茫，還是坐了很久的車，從鄉下來到都市，前去電台找自己崇拜的男主持人幫忙。

主持人聽完她的故事，於是提出要和她交換條件，她也不管三七二十一，立刻答應主持人的要求。

主持人叫她在門口等一下，兩分鐘後，便光著身體叫她進來，並奸笑著說：「接下來，妳該知道怎麼做了吧！」

於是，阿玲立刻跑過去握著主持人的小弟弟，對著它大聲說：「爸爸！爸爸……聽得到我的聲音嗎？」

這位趁人之危的電台主持人，看到阿玲的舉動，大概也「軟」得差不多了吧！誰叫他這麼不安好心呢？

現實生活中，「趁人之危」是最常見的惡事之一。

這是因爲受害者正面臨徬徨無助的窘境，這個時候只要有人提出條件施壓，通常無力拒絕，也無力反擊。對心懷不軌的人來說，還有比這更好、更不需本錢的生意嗎？

從另外一種角度來看，萬一我們遭遇不幸的時候，對於身邊伸來的「援手」，一定要特別詳加檢視。

我們無法得知，在這當中有多少人其實不安好心，嘴上說得很漂亮，其實包藏禍心，要你的錢、要你的人，甚至要你永遠不得翻身。如果不懂得在非常時期拿出非常的意志與冷靜，在意志不堅、情緒焦急、亟待援手的時刻，很可能就會判斷失策，犯下更大的錯誤。

用行動證明自己的實力

還是想清楚自己應該把精神用在什麼地方，做好自己的本分，只要用最後的成果證明自己，那就足夠了！

激勵作家奧里森．馬汀曾經這麼說：「一笑置之，通常是讓煩惱不會在你內心滋長的最有效良方。」

讓我們感到悶悶不樂、不舒服的，通常都源於別人的異樣眼光和竊竊私語，但仔細想想，我們爲什麼要隨著別人的節拍起舞？最好的方法，當然就是用幽默的心情一笑置之。

人言可畏，我們不能逼著別人說我們想聽的話、照我們想要的意思做，如

果確信自己是對的，那麼對於不懂的人與嫉妒的人所說的話，就不須句句當真、句句爭辯，否則，只是徒然浪費時間精力而已。

這是一名新兵的回憶錄：

剛踏上成功嶺時，班長對我們很兇，記得第一天晚上洗澡的時候，那個澡堂完全沒有隔間，中間有三個裝水的水池，班長想要給我們來個下馬威，便叫我們聽口令分解動作。

記得他的第一個口令是「把衣服脫掉」，第一次裸身面對他人的我們此時好不尷尬，有的用臉盆、有的用毛巾，有的用手，厲害的則用腿夾，想藉此遮掩「重要部位」。

這時，怒氣沖沖的班長下了聲立正的口令，劈哩啪啦一陣東西摔落聲頓時響起。班長開始憤怒地訓起話來，大家也開始用眼睛餘光偷瞄別人。可能有人的「東西」長得比較奇怪，竟然有一位新兵忍不住偷笑起來，班長於是罰他繞著水池跑二十圈。

有位新兵覺得班長實在太過分了，當受罰者跑過面前的時候，就對他說：「不要甩他啦！」

跑步的人聽到後頓時勃然大怒，大聲地說：「你跑跑看，看你有沒有辦法叫『它』不要甩！」

當然啦，此「甩」非彼「甩」，就物理學的角度來看，要讓「它」在自然的狀態下不甩，是不太可能的。不過，有些情況之下，爲了我們自己的心理健康著想，有些人、有些話，還是「不甩」爲宜呢！

義大利文學家但丁曾說：「人家的竊竊私語與你何干？讓人家去說長道短，要像一座卓立的塔，絕不因為暴風而傾斜。」

想要討周遭所有人歡心的人，往往無法得到任何一個人的歡心；想要讓世人都喜愛自己的人，常常讓自己失去所有人的喜愛。如果我們學不會「不甩」的灑脫，事事都想得到每個人的讚賞，不但做起事來事倍功半，更可能讓我們自毀長城。

要成就大事，需要有自己的堅持，有所爲、有所不爲，在某些時刻，要懂得拋開別人對自己的看法，不要想得到所有人的誇讚，因爲這是不可能的。甚至需有「橫眉冷對千夫指」的勇氣，才能開拓出屬於自己的一條路。

再說，嘴巴長在別人身上，人家的竊竊私語與我們何干？還是想清楚自己應該把精神用在什麼地方，該「不甩」的時候，就不要理會別人，做好自己的本分，只要用最後的成果證明自己，那就足夠了！

說錯話的傷害難以彌補

說話不比寫字，寫錯了、後悔了還可以用立可白塗掉，別人已經聽進耳朵、記在腦海的話，又要用什麼方式消抹掉呢？

《聖經》上有一句話說：「多言多語難免犯罪，約束嘴巴便是智慧。」

這話確實十分有道理。因爲，嘴上所說的話，不論是非黑白，總是代表了自己的內心想法，別人也會拿這些話來評斷我們是深思熟慮或不經大腦？是知所進退抑或不懂得人情世事？

某公司中午休息時間。

一位女同事因為座位的地板被人濺到水，感到很生氣，於是忍不住大聲嚷嚷：「誰把我下面弄溼了！」

話剛說完，現場立即鴉雀無聲，隨即女同事紅著臉低下頭，不敢再說話。

再看看另一則關於說錯話的有趣故事。

小華的爸爸很怕小偷，因此他們家裡的房門都是鋼製的。

某個冬天，眾家親友齊聚小華家聊天喝茶，忽然北風呼呼吹起，陣陣冷風從小華房間的窗戶吹進了客廳。

怕冷的媽媽看到小華的房門沒關，於是告訴小華說：「妹妹，妳把妳那個『鋼門』關起來好嗎？好冷喔！」

只見小華遲疑地問道：「媽……怎麼關啊？」

相信故事中的女同事與小華家的媽媽，應該會想找個地洞鑽進去吧！如果能有再一次的機會，相信她們應該會把那兩句話活生生地吞回肚子裡。

但最糟糕的是，不管是有心還是無意，說出口的話就好像潑出去的水，再

怎麼樣也收不回來了。

重視自己說的話，是要讓別人能重視你的最基本要求。

如果一個人說話總是沒有經過思考便出口，以至於不小心傷了別人，甚至於傷了自己，都是很不智的舉動。

「年輕」、「不懂事」、「一時失言」也許能成爲你的藉口，但是說話不比寫字，寫錯了、後悔了還可以用立可白塗掉，別人已經聽進耳朵、記在腦海的話，又要用什麼方式消抹掉呢？

覆水難收，出言則更難收回，事後再用十句、百句話來彌補，恐怕很多時候都已經於事無補了。我們所能做的，也就是在話說出口前更加小心罷了！

死不認錯，只會一錯再錯

做人做事輕鬆一點，何必讓自己的防護心過剩？一個人會維護自己是理所當然，但並不需要為了無謂的自尊，連是非曲直都扭曲了。

俄國文學家托爾斯泰曾說：「只有什麼事也不幹的人，才不至於犯錯誤，雖然這恰好是他最基本的錯誤。」

人只要做事，就不可能不犯錯，不論是在學校裡還是學校外，每個人絕對都有「犯錯的權利」。

因此，大可不必把犯錯與尊嚴、品德輕易地畫上等號，弄得這麼嚴肅，到最後吃虧的還不是自己？

督學到某校視察，看見教室裡有個地球儀，便問學童甲：「你說說看，這地球儀為何傾斜二十三度半？」

學童甲非常驚恐，答道：「不是我弄的。」

此時，學童乙走進教室。

督學便問學童乙：「你說說看，這地球儀為何傾斜二十三度半？」

學童乙緊張地答道：「我剛進來，什麼也不知道。」

督學疑惑地問教師這是怎麼一回事。教師滿懷歉意地說：「這不能怪他們，地球儀買來時，就已經是這樣子了。」

校長見督學臉色越來越難看，連忙趨前解釋。

「說來慚愧，」校長陪笑道：「因為經費有限，我們買的是山寨貨。」

關於現在的年輕一輩在「學習」與「學習之外」的行爲與心理，一位老師說了一段讓人印象深刻的話：「我覺得現在的孩子自我保護的心態都很重，只

要稍微指出他們哪裡好像做得不對，不論是學習上或是行爲上的，他們的反應都會很大，覺得：『這不是我的錯！』並認爲你侮辱了他。」

果眞如此的話，那麼這個故事就具有相當的啓發性了。爲什麼大家會把別人對自己錯誤的指正看得那麼嚴重，甚至跟人格、尊嚴扯上關係呢？一味否認的後果，往往是犯錯的人不知道自己究竟「錯在哪裡」，不知錯、不認錯，又能夠談什麼「改過」呢？

相信對於絕大多數的雇主與老師來說，並不是要一個「永不犯錯」、「死不認錯」的員工或學生，而寧願看到一個能在錯誤中學習，在錯誤中成長的人。因爲唯有這種人能夠不停改正自己，在人格上也比較健全、有彈性。

做人做事輕鬆一點，何必讓自己的防護心過剩呢？

犯錯又有什麼關係？

一個人會維護自己是理所當然，但並不需要爲了無謂的自尊，連是非曲直都扭曲了。這樣一錯再錯、死鴨子嘴硬，賠上的不但是自己的名譽，更是自己的理智與良心。

懂得分享，快樂才會加倍成長

「快樂」與金錢不一樣的地方就在於，我們不必是百萬富翁，也能夠把「快樂」帶給別人，與他人分享！

「一笑煩惱跑，二笑怨憎消，三笑憾事了，四笑病魔逃，五笑永不老，六笑樂逍遙，時常開口笑，壽比老彭高。」不曉得你有沒有聽過這個順口溜？

我們都知道，「笑」是一種神奇的魔藥，每天三大笑，可以讓自己更健康。如果一個人能保持輕鬆愉快的心情，時時笑口常開的話，那麼他的生活一定也是充滿愉悅的。

某天，正巧是丈夫的生日，當日早上，老婆問老公說：「今天是你的生日，晚上你希望吃什麼菜呢？」

丈夫因為要趕著上班，匆忙之下便回答「我要吃妳」，便離開家了。

當晚丈夫回到家中，一打開大門，卻看見餐桌上只點著浪漫的粉色蠟燭，不見豐富的晚餐。

轉身一看，老婆竟然光著身子，在客廳跑來跑去。

丈夫驚訝地問道：「妳怎麼沒煮飯，還脫光光跑來跑去呢？」

只聽見老婆很羞澀地說：「你不是要吃我嗎？我正在替你熱菜呀！」

面對愛妻可愛的舉動，故事中的丈夫即使在公司遇上了什麼不順遂，想必此刻一定也已經把那些不愉快給拋到腦後了吧！

我們是不是能像故事裡這位可愛的太太一樣，除了讓自己開心之外，也扮演起把歡樂帶給別人的角色呢？

亞瑟·赫爾普斯曾說：「許多人知道如何享樂，卻不知自己從何時起已不

再向別人提供歡樂。」

是呀，我們有多久沒有帶給身旁的人快樂，沒有帶給身旁的人歡笑？懂得自己享樂不難，但要把快樂帶給別人，卻是很多人遺忘已久的一項能力。

世人都說「富而好施」的財主難能可貴，因爲他們不但有錢，還不忘把自己的財富分給需要的人，這是慷慨而仁慈的；「快樂」與金錢不一樣的地方就在於，我們不必是百萬富翁，也能夠把「快樂」帶給別人，與他人分享！

散播快樂一點都不難，就看我們有沒有心去做；只要一句話、一個舉動，都足以讓別人開心、讓別人高興。問問自己，願不願意從現在起，用點心思，讓身旁的人每天都快樂一下呢？

把握機會就不用後悔

不可能發生的問題，當然也沒有必要費盡心思去想。人經常陷入的一個盲點，就是庸人自擾，把許多未知的問題都想成真的。

挪威劇作家易卜生在《布蘭德》的劇本中，曾經如此寫道：「命運之網的千絲萬線，正確與錯誤雜亂無章地交織在一起。」

不是每件事都有第二次機會，因此人們應該好好把握自己的每一次機會。

隋朝時，有一個人心思非常聰穎，但卻有個天生的缺陷，就是口吃。

後來，位高權重的越國公楊素聽說了有這麼一號人物，每逢閒暇時，便把

他召來暢談取樂。

一年臘月，楊素與此人在花園裡對坐談天。

楊素故意刁難他說：「有這麼一個大坑，深一丈，大小也是一丈，如果您掉到裡面，可有什麼辦法出來嗎？」

這個人低頭想了一會兒，忽然抬起頭來，問道：「請問……這坑……這坑裡有梯子嗎？」

「當然沒有梯子啦，如果有梯子，那還用問您嗎？」

於是，這個人又低頭想了好半天，再度抬起頭來問道：「那麼……是在白……白天？還是夜……夜裡？」

「這和白天黑夜有什麼關係？我是問你掉到裡頭，可有辦法出來？」楊素不耐煩地說。

「可……可是……如果不是在……在晚上，我……我的眼睛又……又不瞎，為什麼會掉……掉入……掉入坑裡？」

楊素聽了，大笑不止。這還不夠，他又再出一道難題：「假如我突然命令你做軍官，護守一座小城，你手下的士兵只有一千人，糧食也只夠吃兩三天，城外有數萬敵軍包圍。你身為城中主帥，可有什麼守城之計？」

這個人再度低頭沉思，問道：「有……有援……援兵嗎？」

「正是因為沒有援兵，所以才問你嘛！」

這個人又想了很久，才抬起頭對楊素說：「那麼……我想……結……結果會和你想的一樣，失敗難免。」

楊素忍不住大聲拍手，表示敬佩之意。他繼續說：「看來，你不但機智，而且誠實，我提出來的問題沒有一道可以難倒你的。現在，我再問你一件事，如果今天家裡有人被蛇咬傷了腳，你覺得應該怎麼醫治呢？」

這個人回答說：「應……應該要拿五月五日屋頂上的雪，塗……塗抹傷口即……即治。」

「五月哪來的雪呢？」楊素皺著眉頭說。

此人見狀，笑著反問道：「既然五……五月沒有雪，那麼臘……臘月又哪來的蛇？」楊素聽了，笑得前撲後仰，重重地賞賜了他。

不可能發生的問題，當然也沒有必要費盡心思去想。人經常陷入的一個盲點，就是庸人自擾，把許多未知的問題都想成真的。

事實上，有些事情一旦發生，不會有所謂的「最好方法」，只會有既定的「最壞結果」。

因此，與其思索事後的應變對策，不如事先杜絕問題發生的機率。

世界上沒有後悔藥，你只能改變還沒有發生的事，至於那些已經發生的事，是無論如何也沒有辦法回頭的。

溝通智典

49

用幽默的方式，改變對方的態度

作　　者　文彥博
社　　長　陳維都
藝術總監　黃聖文
編輯總監　王郡淩
出 版 者　普天出版家族有限公司
新北市汐止區忠二街 6 巷 15 號
TEL / (02) 26435033 (代表號)
FAX / (02) 26486465
E-mail：asia.books@msa.hinet.net
http://www.popu.com.tw/
郵政劃撥 19091443 陳維都帳戶
總 經 銷　旭昇圖書有限公司
新北市中和區中山路二段 352 號 2F
TEL / (02) 22451480 (代表號)
FAX / (02) 22451479
E-mail：s1686688@ms31.hinet.net
法律顧問　西華律師事務所・黃憲男律師
電腦排版　巨新電腦排版有限公司
印製裝訂　久裕印刷事業有限公司
出 版 日　2023 年 6 月第 2 版
ISBN◉978-986-389-868-9　　條碼 9789863898689

國家圖書館出版品預行編目資料

用幽默的方式，改變對方的態度 /
文彥博著.—第 2 版.—：新北市,普天出版
2023.06 面； 公分. - (溝通智典；49)
ISBN◉978-986-389-868-9 (平裝)

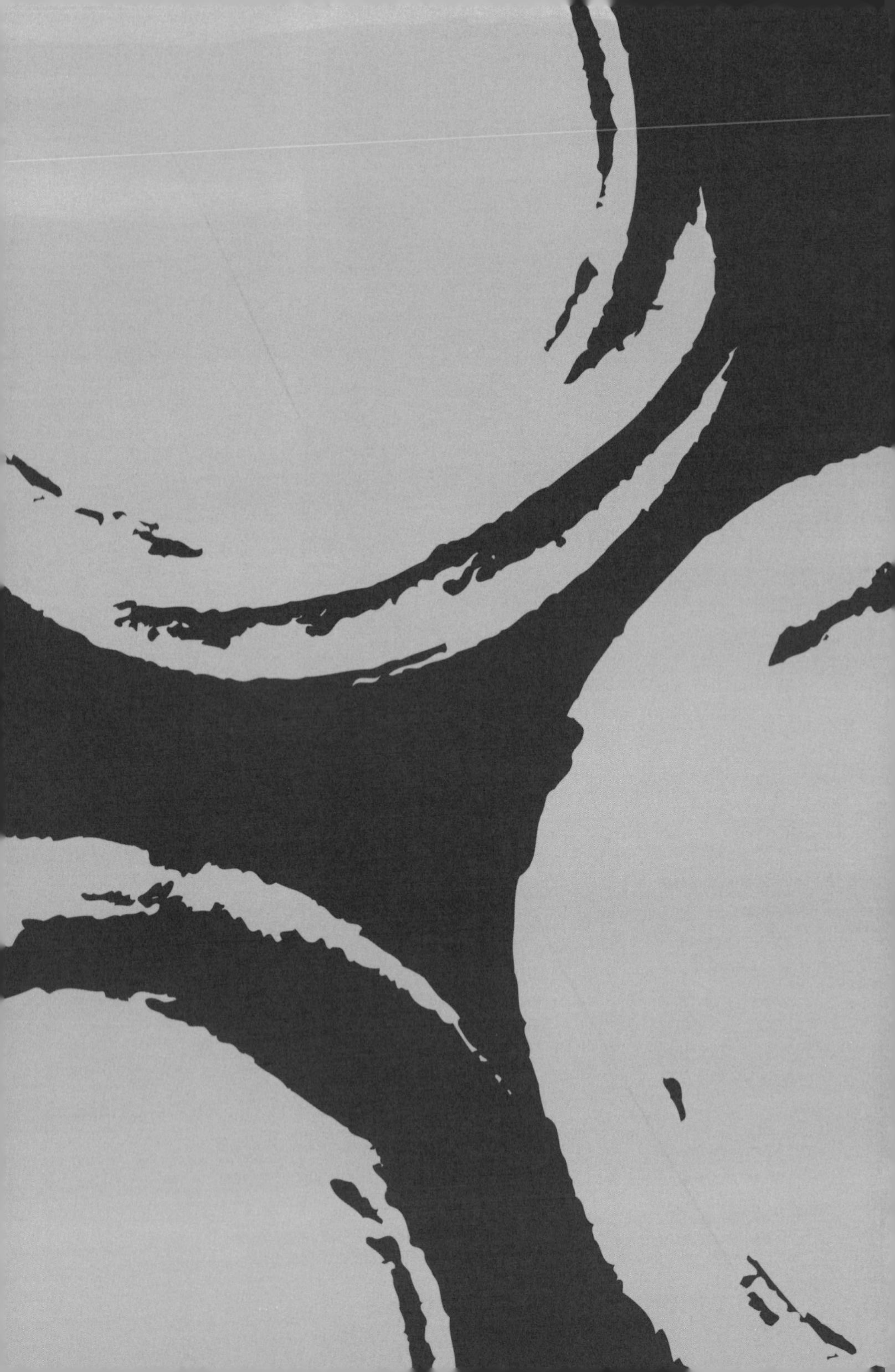